AF362630

* 9 7 8 9 3 5 8 7 2 0 8 1 5 *

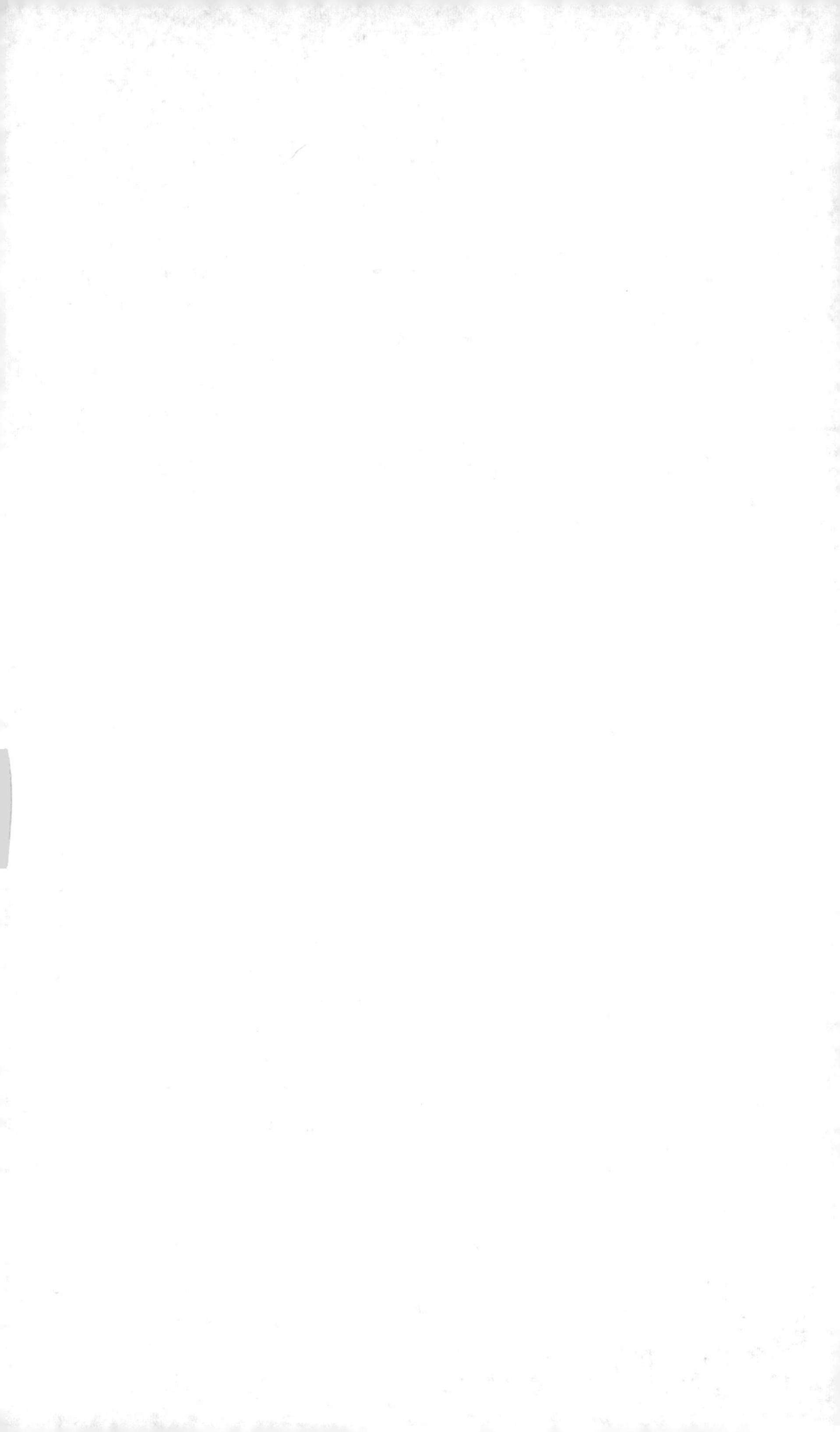

آواز کے بوسے

(منقبتی دیوان)

مصنف:

سید شاہ نصیر الدین بسملؔ ابو العلائی

© Taemeer Publications LLC

Aawaaz ke bosay (*Poetry*)

by: Syed Shah Naseeruddin Bismil

Edition: July '2023

Publisher & Printer:

Taemeer Publications LLC (Michigan, USA / Hyderabad, India)

ISBN 978-93-5872-081-5

9 789358 720815

کتاب	:	آواز کے بوسے (منقبتی دیوان)
مصنف	:	سیدشاہ نصیرالدین بسملؔ
صنف	:	شاعری
ناشر	:	تعمیر پبلی کیشنز (حیدرآباد، انڈیا)
زیر اہتمام	:	تعمیر ویب ڈیولپمنٹ، حیدرآباد
سالِ اشاعت	:	۲۰۲۳ء
تعداد	:	(پرنٹ آن ڈیمانڈ)
طابع	:	تعمیر پبلی کیشنز، حیدرآباد –۲۴
صفحات	:	۱۵۰
سرورق ڈیزائن	:	تعمیر ویب ڈیزائن

بسم اللہ و بسم محمد الرَّسول اللہ صلّی اللہ علیہ و سلّم

آواز کے بوسے

منقبتی دیوان

میں اپنی اس کتاب کو عاشقانِ رسولِ خدا

و محبانِ اولیاء اللہ کے نام معنون کرنے کی

عزت حاصل کرتا ہوں۔

سید شاہ نصیرالدین بسمل ابوالعلائی

آواز کے بوسے

تقدمہ و تبصرہ

جناب سید شاہ نصیرالدین صاحب بسمل ابوالعلائی ایم اے، ال۔ال۔بی دکھانیہ جس طرح قومی اداروں اور علمی و ادبی حلقوں میں مقبول ہیں اسی طرح ان کا کلام بھی تمام اصنافِ سخن پر حاوی ہے اور مقبول خاص و عام ہے۔ ابتداء سے ان کو شعر و سخن کا ذوق رہا ہے۔ اور جیسے جیسے ان کے سن و سال میں اضافہ ہوتا گیا ان کے ذوقِ سخن میں بھی ترقی ہوتی گئی اور ان کا کلام بھی پختہ ہوتا گیا۔ "شاعر بنتا نہیں پیدا ہوتا ہے"۔ یہ مثل ان پر صادق آتی ہے ان کا کلام سننے اور پڑھنے سے خود اس امر کی تصدیق ہو جاتی ہے کہ ان کے شعر و سخن کا جذبہ فطری ہے۔

حیدرآباد عرصہ دراز سے علم و ادب کا مرکز رہا ہے۔ بہمنی دور اردو شاعری کا نقطہ آغاز ہے۔ قطب شاہی اور عادل شاہی دور میں یہ برگ و بار لائی اور بعد میں سلاطینِ آصفیہ کی سرپرستی اور قدردانی نے اسکو بام عروج پر پہونچا دیا۔ سلطنتِ مغلیہ کے زوال کے بعد لکھنؤ اور دہلی کا مرکزِ نقل حیدرآباد کو منتقل ہو گیا۔ سرزمینِ دکن نے مقناطیس بن کر ممتاز ادیبوں اور شاعروں کو اپنی جانب کھینچا۔ دائرۃ المعارف، دارالترجمہ، عثمانیہ یونیورسٹی کا قیام اردو زبان کیلئے آبِ حیات ثابت ہوا۔ دکن کے آخری تاجدار کی سخن نمی اور سخن پروری کی شہرت دکن کے حدود سے تجاوز کر گئی۔ لیکن انقلابِ زمانہ نے اچانک بساطِ الٹ دی بقول اسی سخن پرور سلطان العلوم کے ۔

سابق کے رنگ ڈھنگ وہ عثمان بدل گئے
منظر نئے ہیں قرینے نئے نئے

آواز کے بوسے

اردو زبان کی فصلِ بہار موسمِ خزاں میں تبدیل ہوگئی ۔ یہ انقلاب دارالترجمہ کیلئے پیامِ موت ثابت ہوا ۔ عثمانیہ یونیورسٹی کا ذریعہ تعلیم اردو سے انگریزی کردیا گیا لیکن جس کا تخت و تاج چھین لیا گیا اس نے انتہائی صبر و ضبط کا مظاہرہ کرتے ہوئے اگر کچھ کہا تو یہ کہا ۔

عثماں زِ انقلابِ جہاں را گریز نیست
از وضعِ روزگار شکایت جبیں می کنی

افسوس صد افسوس کہ وہ زبان جو دکن کی گنگا جمنی تہذیب کا مظہر تھی وہ اپنی جنم بھومی سے جلا وطن کیجا رہی ہے ۔ اور اب لے دے کے مشاعروں کی زبان بن کر رہ گئی ہے ۔ محافلِ شعر و سخن میں شرکت سے ایسا محسوس ہوتا ہے کہ گذشتہ فصلِ بہار پھر آگئی ہے ۔ مسموم فضا میں چند خوشگوار لمحات کا مل جانا اور تھوڑی دیر کیلئے ہی سہی دل و دماغ کا تازہ ہوجانا نعمتِ غیر مترقبہ سے کم نہیں ۔ ایں ہم غنیمت است ۔

بھلا گردشِ فلک کی چھین دیتی ہے کسے انشاء
غنیمت ہے کہ جو صورت یہاں دو چار دیکھے ہیں

ان محفلوں میں اکثر و بیشتر جنابِ بسمل کی شرکت اور ان کے ترنم ریز نغموں سے فضا اور خوشگوار ہوجاتی ہے ۔ بسا اوقات یہ مشاعروں میں نظامت کے فرائض انجام دیتے ہیں ۔ گذر چکا ہے کہ انھوں نے مختلف اصنافِ سخن میں طبع آزمائی کی ہے اور برسال بسال کے مشتبی سخن سے حمد و نعت منقبتوں اور غزلوں کا کافی ذخیرہ جمع ہوگیا ہے ۔ اس کے مجملاً ''لبکوں کی دستک'' کے نام سے اُن کا نعتیہ دیوان حال میں منظرِ عام پر آچکا ہے ۔ اب اِن کا منقبتی کلام ''آواز کے بوسے'' کے نام سے شائع ہو رہا ہے

آواز کے بوسے

حمد و نعت کے بعد خلفائے راشدین ، اکابرین اُمت ۔ آئمہ عظام اور اولیائے کرام کے مناقب پر مشتمل ہے ۔ جس کسی نے بھی بسمل صاحب کو اُن کے کلام کی اشاعت کیلئے توجہ دلائی وہ پہلے مستحق داد ہے ۔ اکثر دیکھا ہے کہ دست برد زمانہ سے بڑے بڑے اساتذہ کے ذہنی افکار گوشۂ گمنامی میں پڑ گئے یا تلف ہو گئے ۔ امام الکلام ثاقب یدالونی ۔ نواب ضیاء یار جنگ ضیاؔ ۔ استاد سخن برترؔ ۔ مفتی میر ۔ مفتی میر اشرف علی اشرفؔ ۔ خلف الصدق حضرت شائق ۔ اور دیگر اساتذہ کا کلام عام منظر عام پر نہ آسکا ۔ عم محترم جناب کامل نے مجھے بار بار توجہ دلائی اور مقرر ہوئے کہ میں اپنا کلام طبع کر کے محفوظ کر دوں ۔ ورنہ اس کا بھی وہی حشر ہوگا جو دیگر ارباب سخن کے کلام کا ہوا ۔ چنانچہ یہ امتثال امر پہلے میری منتخب نعتیہ اشعار کا مجموعہ "فردوس" کے نام سے شائع ہوا ۔ اسکے بعد غزلوں کا مجموعہ "کیف و سرور" کے نام سے طبع ہوا اور اب منقبتی کلام "بہارِ منقبت" کے نام سے مرتب ہو رہا ہے ۔

بسمل صاحب نے زیرِ نظر مجموعہ میں بلالحاظ مسلک و مشرب مشہور و معروف اکابرین اور اولیاء اُمت کی بارگاہ میں گلہائے عقیدت گذرانے ہیں ۔ صحابہ کرام کی شان میں "رحماء بینھم" کی آیت نازل ہوئی تو اُن کے نقشِ قدم پر چلنے والوں کی شان میں "لاخوف علیھم ولاھم یحزنون" ارشاد باری ہوا ۔ ان سب میں حضرت نبی الکثرت کے جلوے نظر آتے ہیں ۔ بقول حضرت سید عمر قادری صاحب ۔ اولیاء ایک ہیں ان میں نہیں تیرا میرا ۔ مجھے یہ دیکھ کر مسرت ہوئی کہ بسمل صاحب بھی اسی راہ پر گامزن ہیں ۔

اس مجموعہ کی ابتداء حمدِ باری سے ہوتی ہے ۔ حمد و سپاس کا حق کسی بشر سے

آواز کے بوسے

کس طرح ادا ہوسکتا ہے جبکہ خود خیر البشر علیہ الصلوٰۃ والسلام نے "ما عرفناک حق معرفتک" فرما کر عرفان النٰہ کے حق کی ادائی محال بتائی۔ وما احسن ما قیل

برتر از خیال و قیاس و گماں و وہم   از ہر چہ گفتہ ایم و شنیدیم و خواندہ ایم
دفتر تمام گشت و بہ پایاں رسید عمر   ما ہم چناں در اولِ وصف تو ماندہ ایم

اور مولانا روم مثنوی شریف میں یہی حقیقت کو اس طرح بیان کرتے ہیں۔

اے برون از جملہ قال و قیل من ؛ خاک بر توصیف و بر تمثیل من

گلستاں میں حضرت سعدی علیہ الرحمتہ نے حمد باری تعالیٰ کی ادائی سے بشر کی بے بضاعتی حسب ذیل دلیل سے ثابت کی ہے۔ فرماتے ہیں۔

ہر نفسے کہ فرو می رود ممدِ حیات است و چوں بر می آید مفرح ذات ۔ پس
بہ ہر نفس شکر لازم است و ایں از بشر ممکن نیست

جو سانس جسم کے اندر جاتی ہے وہ زندگی کیلئے ممد و معاون ہوتی ہے اور جو باہر آتی ہے وہ مفرح ذات ہوتی ہے لھٰذا ہر سانس پر اس کا شکر واجب لازم آتا ہے جو کسی انسان سے ممکن نہیں۔ بدریں ہمہ عبدیت کا تقاضہ ہے کہ وہ اپنے معبود کی حمد کرے اس کی نعمتوں پر اظہارِ شکر کرے۔

بسمل صاحب نے اسی مقتضاء کی تکمیل میں اپنے کلام کی ابتدا، حمدِ باری سے کی ہے مجھے حسب ذیل اشعار خامہ طراز پر پسند آئے۔

خم جب زعم ہوا انسان کی دانائی کا   دقت آتا ہے تیری حوصلہ افزائی کا
بے خود بخش زمانے کیلئے اس کا جنوں   سب سے معیار جدا ہے ترے سجدائی کا
جب کھلا راز تو آیا یہ سمجھ میں بسمل   خود تماشہ نظر آتا ہے تماشائی کا

آواز کے بوسے

حمد کے بعد بسمل صاحب نے محبوبِ ربّ العالمین کی بارگاہ میں نذرانۂ نعت پیش کیا، یہ عشقِ محمدی کا تقاضہ ہے ورنہ جس طرح رب العالمین کی حمد و ثناء کا حق ادا نہیں ہو سکتا۔ اسی طرح اس کے محبوب رحمۃ للعالمین صلی اللہ علیہ وسلم کی مدحت کے حق کی ادائی بھی محال ہے۔ حضرت جامی علیہ الرحمۃ کے الفاظ میں ـ

لایمکن الثناء کما کان حقہ ؛ بعد از خدا بزرگ توئی قصہ مختصر

مدح کا حق اس وقت ادا ہو سکتا ہے جبکہ ممدوح کے اوصاف اور اُسکی حقیقت سے کمل واقفیت ہو لیکن جس کی حقیقت کا کمل انکشاف خیر البشر بعد الانبیاء بھی تحقیق پر نہ ہو سکا اور کہا گیا کہ یا ابا بکر لا یعرف حقیقتی الّا ربّی اور ایک موقع پر یہ بھی فرمایا گیا کہ لا تقیسونی علی احد منکم ایکم مثلی انا من وراء عقولکم ـ تو اب بجز اسے کیا کیا جا سکتا ہے کہ اسکی مدحت سرائی اس کے محب اور خالق پر چھوڑ دی جائے ۔ جیسا کہ غالب مرحوم نے کیا اور کہا ـ

غالب ثنائے خواجہ بہ یزداں گذاشتیم ؛ کاں ذات پاک مرتبہ داں محمد است

کسی نے کیا خوب کہا ہے ۔

کرنے کو مدح اس شہرِ عالی وقار کی ؛ منہ میں زبان چاہئیے پروردگار کی

لیکن حمد و نعت کا حق ادا کرنا دشوار ہے اور خالقِ کائنات اور فخرِ موجودات کی بارگاہ میں نذرانۂ عقیدت پیش کرنا ہے ۔ مدحت سرائی کا حق محال سہی لیکن مثالِ حرامی و تعرزدہ ، دو تو قردہ و تسبجوہ ، بکرۃ و اصیلا ۔ گلہائے عقیدت کے نذرانے پیش کرنا لازم اور واجب ہے ۔ حضرت حسان بن ثابت جن کیلئے مسجد میں منبر رکھا جاتا تھا اور اس پر بیٹھ کر وہ اپنے ممدوح کے حضور میں نذرانۂ عقیدت گذرانتے تھے ۔ ممدوح نے ایک

آوازِ کے بوسے

دفعہ اپنی چادر اُن کی مدحت کے صلہ میں اُن پر اُڑا دی ۔ لہٰذا اگر حضرت حسّان کی اتباع میں جنابِ بسمل نے مگلہائے عقیدت نچھاور کرتے رکھے ہوں تو یہ عمل بھی مدوح ربّ العالمین کے دامن سے وابستگی اور شیفتگی کا ثبوت ہے کہ الا ناءَ تیرے شیخ بما فیہ اور آسمی دارفتگی کی وجہ ہے کہ بسمل صاحب اپنی نعت گوئی سے سامعین کو بھی بسمل کر دیتے ہیں ۔ نعتِ مشریف کے یہ اشعار ملاحظہ فرمائیے ۔

مُحبتِ نبیؐ میرے لیے جوہے مری حیاتِ کا ؛ پیتا ہوں بادۂ دلا اپنی شرابِ جان کر
حشر سے پہلے میرِ یا روح در یہ تمہارے جائیگی ؛ اپنی نجات کیلئے خلد کا باب جان کر
مُحبتِ نبیؐ ہے زندگی بسمل یہی ہے بندگی ؛ چہرے کو اُنکے پڑھتا ہوں حق کی کتاب جان کر

حضرت صدیق اکبر رضی اللہ عنہُ کی منقبت میں وہ یوں مدح سرائی کرتے ہیں ۔

جب بھی ذکرِ صدیق آئے گا وہ یاد آئی گی ؛ ہے یہی زندہ کرامت حضرت صدیق کی
وہ جو غارِ ثور میں تھی گنبدِ خضرا میں ؛ ہے مسئل یہ رفاقت حضرت صدیق کی
گنبدِ خضرا تصور میں ہو بسمل اُس گھڑی ؛ جب کبھی تڑپائے فرقت حضرت صدیق کی

منقبتِ حضرت فاروق اعظمؓ کے یہ اشعار بھی لاجواب ہیں ۔

کبھی اپنا فتحنا کی صدا فاروقِ اعظمؓ ہیں ؛ کبھی نصراً عزیزہ کا صلہ فاروقِ اعظمؓ ہیں
کبھی جو رائے دی نازل ہوئی بن کر وہی آیت ؛ عجب انداز سے قرآں نما فاروقِ اعظمؓ ہیں
جبھی تو ہاشمی بسمل کو یہ ربطِ عقیدت ہے ؛ رسولِ ہاشمی کا معجزہ فاروقِ اعظمؓ ہیں

اور حضرتِ عثمان غنیؓ کی شان میں یہ اشعار خاص طور پر قابلِ ذکر ہیں ۔

مرحمت صاحب قوسین سے دو نوز موئے ؛ کس قدر خسرو ذیشان میں عثمانِ غنیؓ
گلشنِ پاک رسالت میں بہ رنگِ خوشتر ؛ رشکِ سنبل و ریحان میں عثمانِ غنیؓ

مجھ کو خود نسبتِ حیدرؑ کی قسم ہے لیثمٰی　؎　میرا دل اور میری جان ہیں عثمانِ غنی فلاح یاب و ولایت حضرتِ علیؑ کرم اللہ وجہہ کے حضور میں یہ اشعار نذر و مقبول ہوئے ہوں گے۔ ابھی آواز دوں گا ان کو ہوگی یہ ابھی آساں　؎　اِدھر نام علیؑ آیا اُدھر مشکل ہوئی آساں بہت دشوار تھی منزل اسی راہِ حقیقت کی　؎　درِ حیدرؑ کے سجدوں سے ہوئی بے خودی آساں خدا کے نام پر بیٹھا حمدا کے نام پر مرنا　؎　علیؑ نے کر دیا لیثمٰی شعورِ بندگی آساں اسی طرح اہلِ بیت اطہار، صحابہ کرام اور دادِ لیاقتؑ عظام کی بارگاہوں میں منقبتِ سلام کے نذرانے پیش کیے گئے ہیں۔

ہر منقبت سے کلام کے مضمونوں کو پیش کرنا باعثِ طوالت ہوگا۔ بہر حال جناب لیثمٰی نے اپنے اس مجموعہ میں علم و ادب کی چاشنی کے ساتھ ساتھ سیرت اور وقائع نگاری کے بہترین نمونے پیش کیے ہیں۔ بمعدلِ اقی بیک کرشمہ دو کار۔ ان کا کلام پڑھتے جائیے میرے اس خیال کی توثیق ہوتی جائے گی۔ میں ان کو ان کے اس ذوقِ سخن پر مبارک باد دیتا ہوں۔

محمود

جسٹس ابو الفضل سید محمود قادری

۱۴ ربیع الثانی ۱۴۰۹ھ
۲۸ دسمبر ۱۹۸۸ء روز دو شنبہ
دیوڑھی مولوی محمود
فتح دروازہ حیدرآباد
اے۔ پی

آواز کے بوسے

افتتاحیہ

حضورِ انور انائے سبل مولائے کل خاتم الرُّسل الف تخیّہ والف ثناء کی بارگاہِ اقدس میں نذرانۂ نعت شریف مہ پلکوں کی دستک کی پیش کشی کے بعد حضور صلی اللہ علیہ وسلم کی اُمت کے اولیاء کی بارگاہِ ناز میں نذرانۂ عقیدت "آ د از کے بوسے" پیش کہنے کی سعادت حاصل کرد یا ہوں ۔ سچ تو یہ ہے کہ حضور صلعم کے ذکرِ پاک سے اللہ جلّ شانہ خوش ہوتے اور کرم فرماتے ہیں اور اولیاء کے کلام کے ذکرِ جمیل سے خود حضور سید عالم و عالمیاں صلی اللہ علیہ وسلم کی خوشنودی نصیب ہوتی اور سرفرازی حاصل ہوتی ہے ۔ حدیث پاک میں ہے ۔ ذکر الانبیاء من العبادۃ و ذکر الصالحین کفّارۃ الذنوب" (انبیاء علیہم السلام کا ذکر عبادت اور صالحین (اولیاء) کا ذکر گناہوں کا کفارہ ہے)

اولیاء، اُمت کا یہ احسان عظیم ہے کہ اُنہوں نے دین ۔ ایمان ۔ احسان ۔ ایقان و عرفان کو اُمت تک پہونچایا ہے اور ریسلہ (چومکہ نبوت ختم ہو چکی ہے) انشاء اللہ تعالیٰ انہیں کے ذریعہ قیامت تک جاری و ساری رہے گا ۔ میں کسی مذہبی بحث میں پڑے بغیر یہ عرض کروں گا کہ تمام اقوام و ملل اپنے اولیاء کی یادوں کو اپنے سینوں سے لگائے ہوئے رکھتے ہیں ۔ اور یہ عمل عین مطابق فطرت بھی ہے ۔ حدیث شریف میں آیا ہے کہ جو جس کی محبت میں جیئے گا اور جس کی محبت میں مرے گا وہ اُٹھے گا بھی تو اسی محبت کو لئے اُٹھے گا ۔ شفاعت اور سفارش کے تعلق سے حدیث شریف میں آیا ہے کہ نماز کا مصلّیٰ جس پر نماز پڑھی جاتی تھی کل بارگاہ ایزدی میں وہ بھی ہماری گواہی دیگا اور سفارش کرے گا ۔ یہ مقبولانِ بارگاہ خداوندی اور مامورِ مِنِ اللہ اور نفوسِ قدسیہ میں ۔ اسمیں کوئی شک نہیں کہ ان کا ہاتھ خدا کے ہاتھ میں ہے اور ان کی زبان

آواز کے بوسے

سے حق گویا ہے ۔

بجلیوں کی باگ ہے ان کی دعا کے ہاتھ میں
ہاتھ ہے ان فاقہ مستوں کا خدا کے ہاتھ میں

صنعت کی تعریف دراصل صانع کی تعریف ہے، اللہ کے محبوب بندوں کی تعریف دراصل حق تعالیٰ شانہٗ کی تعریف ہے ۔

زیرِ نظر دیوان میں خلقائے راشدین ۔ اہلِ بیتِ اطہار ۔ اصحابِ رسول اللہ ۔ آئمہ کرام اور پیرانِ عظام کی بارگاہوں میں منقبت و سلام کے نذرانے ملیں گے جس میں وارفتگی اور وردِ الٰہی نہ خدائیت نمایاں ہوگی۔ رہا عطائے شرفِ قبولیت و کرم نوازی یہ اُن کا کالام ہے اور بس ۔

طہری محافل میں شرکت کے سبب یہ سرمایہ جمع ہو سکا ۔ اور فیضان نصیب ہوا عاشقانِ رسول اللہ اور محبانِ اولیا اللہ ۔ اُمید ہے کہ اس کو خلوصِ دل سے پڑھیں گے اور اکتساب فیض کریں گے ۔

آخر میں میں تمام ملتی و محبیں کا دلی مشکور ہوں جنہوں نے اس کتاب کی اشاعت میں میری مدد فرمائی ۔

فجزاھم اللہ خیر اجزاء

۹ بروز ربیع الثانی ۱۴۱۰ھ
۱۰ دسمبر ۱۹۸۸ء روز شنبہ

کیے از کفش برداران آلِ محمد
سید شاہ نصیرالدین سبیل ابوالعلائی

آواز کے بوسے

آواز کے بوسے

نمبر		نمبر	
۳۳	ہیں ایسے جلوہ یہ اماں علی کے نقش قدم	۵۰	سلیقہ چلیے اے دل غم سبط پیمبر کا
۳۴	انتہا پر جب پہونچتی ہے ولاے بوتراب	۵۱	زمین کربلا میں ہر مصیبت ختم تم پر ہے
	منقبت حضرت سیدۃ النساء العٰلمین	۵۲	بیٹے جو آنکھ سے پردہ تو میں نے دیکھا ہے
۳۵	سراپا زندگی عکس نبوت فاطمہ کی ہے	۵۳	خدا کے فضل سے عزم و عمل کا بیکا ہے
۳۶	مظہر خیر البشر یا فاطمہ یا فاطمہ	۵۴	تیری رحمت الٰہی اب کے اسی نداز سے برس
۳۷	تم کو پہچان سکتی نہیں ہر نظر سیدہ فاطمہ	۵۵	ہیں کون جلوہ گر کیسی کو خبر نہیں
۳۸	اللہ اللہ کے تمہارا مرتبہ یا فاطمہ	۵۶	دیکھ کر تیرا یہ جوش استقامت اے حسین
	منقبت حضرت سیدنا امام حسن	۵۷	ہر نفس مرتا ہے بیم احساس قرب اے حسین
۳۹	بیمار باغ رسالت ما یا امام حسن	۵۸	کچھ کسی در سے اسے حاصل نہیں
	سلام و منقبت حضرت سیدنا امام حسین	۵۹	یہ میرا احساس غم ترے دامنی تم تیرے نثار
۴۰	وقار ملت بیضا جو ایک ذات سے ہے	۶۰	اصغر کا خون بدلے جو رنگ نئی نئی
۴۱	جن کو ملا ہے دامن سلطان کربلا	۶۱	فکر و نظر کیلیے رہو آگہی نئی
۴۲	جمال مصطفیٰ دیکھو جلال مرتضیٰ دیکھو	۶۲	اتنا ہو کرم مجھ پہ ترا کم سے کم حسین
۴۳	دیں زندہ ہوا ہے تیری تسلیم و رضا سے	۶۳	نانا ہے نبی اور پدر کشیر خدا ہے
۴۴	لیکر علی سے دولت عرفان کربلا		منقبت حضرت سیدنا عباس علمدار
۴۵	بقائے حق کی خاطر اپنے گھر کے نام کی خاطر	۶۴	دل سے پہلے معتقد ہو کر علمدار کے
۴۶	یا امام العصر ہم کو دنیا کی راحت نہیں چاہیے		منقبت حضرت سیدہ زینب
۴۸	تدبیر پر نظر ہے نہ تقدیر پر نظر	۶۵	میری زباں پہ جو ہے مدحت آپکی زینب
۴۹	آپ پر قربان ہے صبر و ضبط کی منزل حسین		منقبت حضرت سیدنا علی اکبر

آواز کے بوسے

نمبر		نمبر	
	شاہ ہندوستاں خواجہ خواجگاں	۹۸	یا نبی کن سر جلدوں میں ہے دلایتِ غوث کی
	تو عطائے رسول خدا ہے یہاں	۹۹	اہلِ عرفاں کو ہے خوب اسکا پتہ غوثِ اُوری
	خواجہِ ہند اے خواجہ خواجگاں	۱۰۰	لب پہ خود بے ساختہ آیا ہے نامِ ستگیر
	عطا ہو مجھ کو وہ ذوقِ نظر غریب نواز	۱۰۱	دوشِ اقدس پر ہم میں کہ نقش ہا غوثِ اُوری کا
	غریبوں میں ادھر شامل معین الدین حسنی میں	۱۰۲	دردِ ہجراں دیکھیے اور چشمِ گریاں دیکھیے
	اے نورِ عین یمنتی خواجہ معین الدین حسن	۱۰۳	جس کی موتی ہے پریشان سے ایوانوں میں
	جمالِ ذات کے مظہر محی الدین معین الدین	۱۰۴	وہی کچھ جانتے ہیں کیا مقامِ غوثِ اعظم ہے
	زندگی خواجہ کے پروانوں کی انجمن سے	۱۰۵	پیرانِ پیر مظہرِ نورِ خدا ہیں آپ
	ہے پیش قلب و نظر کا پیام یا خواجہ	۱۰۶	غوثِ اُوری کا منفی نظر دیکھتا ہوں میں
	نہو جس دل میں پیدا ہی محبت میرے خواجہ کی	۱۰۷	مری گئی جب کوئی اُقتآ دیا پیرانِ پیر
منقبت حضرت سیدنا بندہ نواز		۱۰۸	یوں تو سلطانوں کے بھی سلطان ہیں آپ
	جس نے تمہیں پکارا بندہ نواز خواجہ	۱۰۹	روئے احمد کی تجلی ہے کہ اُڑو غوث ہے
منقبت حضرت سیدنا امیر ابو العلا		۱۱۰	یا غوثِ مرادیں مرا المیاں تمہیں ہو
	جس کو بنا دیا ہے خدا نے ابو العلا	۱۱۱	اس قدر ہے مجھ پہ روحانی عنایت غوث کی
منقبت حضرت شاہ قاسم پیر		۱۱۲	کم سے کم ایسا بنا دو پیر لاثانی مجھے
	موہیاں کیوں کر کے اب مال نہاں کچھ اور ہے	۱۱۳	غوثِ اعظم کی یاد جب سے ہے
	شاہ قاسم پیر میں عالی جناب	۱۱۴	مجھے غوثِ اُوری کے دریہ جاکر
منقبت حضرت شاہ محمد حسن صاحب ابو العلائی		منقبت حضرت سیدنا خواجہ اعظم عزیز نواز از	
	کردہ دل را مقام جلوہ روئے حسن	۱۱۵	خود دہر میں جاتا ہے پھر صاحبِ قسمت خواجہ
	کونین کے آقا تو سرکار محمد ہیں	منقبت حضرت محبوب الف ثانی	

آواز کے بوسے

بسم اللہ الرحمٰن الرحیم

حمد باری تعالیٰ شانہ

ختم جب زعم ہوا ان کی دانائی کا
وقت آتا ہے تری حوصلہ افزائی کا

تھا تو اصرار بہت چشمِ تماشائی کا
کھل گیا سارا بھرم وقت پہ بینائی کا

جب ترا حکم ہوا کنکریاں بول اٹھیں
حوصلہ ان کو عطا ہو گیا گویائی کا

آپ تنہائی کے ہر لمحہ میں موتی ہیں قریب
وقت اس طرح گزر جاتا ہے تنہائی کا

ہو سکی ہے جو مجاز اور حقیقت میں تمیز
ہے یہ احسان فقط آپ کی یکتائی کا

ہے خرد بخش زمانے کیلئے اُس کا جنوں
سب سے معیار جدا ہے تیرے سودائی کا

سرنگوں ہر جگہ ہونے سے بچا یا مجھ کو
تو نے بخشا جو شعورِ اپنی جبیں سائی کا

تیری محفل سے سمجھ جائیں تجھے اہلِ نظر
یہی منشا ہے تری انجمن آرائی کا

عشق میں تیرے کمل جو فنا ہو جائیں
کام کرتے ہیں وہ لاکھوں کی مسیحائی کا

جامہ تن سے نکل جاؤں مگر ڈرتا ہوں
چاک ہو جائے نہ پردہ کہیں رسوائی کا

جب کھلا راز تو آیا یہ سمجھ میں بسمل
خود تماشہ نظر آتا ہے تماشائی کا

آواز کے بوسے

نعت شہنشاہِ کونین

چہرۂ مصطفیٰ کو پڑھ حق کی کتاب جان کر
اُن کی دِلا کو دِلمیں رکھ عین ثواب جان کر

کام میرے بھی آگیا دامنِ رحمت آپؐ کا
آپؐ نے آسرا دیا خستہ خراب جان کر

ذاتِ خدا ہے بے مثال خلق میں آپؐ لاجواب
دیکھوں حضورؐ آپؐ کو کس کا جواب جان کر

روزِ ازل سے ہی ہوا مجھ کو شعورِ ربط کا
کرتا ہوں ذکرِ مصطفیٰ کارِ ثواب جان کر

حُبِّ نبیؐ میرے لیے ہے جز سے میری حیات کا
پیتا ہوں بادۂ دِلا اپنی شراب جان کر

حشر سے پہلے میری روح دوڑے تمہارے جانبی
اپنی نجات کے لیے خلد کا باب جان کر

آپؐ کی ہمنوائی کو حق بھی ملائکہ بھی ہیں
اُن پہ درُود بھیجیے کارِ ثواب جان کر

حُسنِ ازل نے خود کو یوں روزِ ازل چھپا لیا
تم کو رکھا ہے درمیاں اپنا حجاب جان کر

حُبِّ نبیؐ ہے زندگی بسملؔ یہی ہے بندگی
چہرہ کو اُن کے پڑھتا ہوں حق کی کتاب جان کر

منقبت امیر المومنین حضرت سیدنا صدیق اکبرؓ

عالمِ صدق و صفا میں ہے کمی صدیق کی
ہے زمانہ کو فر و درّت آج بھی صدیق کی

"تجھ سے پہلے گر نبی ہوتا تو وہ صدیق تھے"
ہے عیاں قولِ نبی سے برتری صدیق کی

آج تک بھی ہر صداقت آشنا دل کیلئے
جادۂ منزل نما ہے زندگی صدیق کی

جس کی اک نیلی فلک کے ماہ یا روی سے سوا
کس سے لیکن ہو سکے گی ہمسری صدیق کی

آپ کی سیرت پہ رکھتے ہیں نظر اہلِ شعور
پیروی کرتے ہیں وہ بھی یا علی صدیق کی

اللہ اللہ رے لیا بارِ نبوت ہمّت پر
کس کو حاصل ہو سکی رفعت روی صدیق کی

مسلم اول ہیں اور خیر البشر بعدِ نبی
دیکھ اے منکر ہے یہ منزل رسی صدیق کی

حق نے بخشا ہے جنہیں حق و صداقت کا شعور
اُن کے ہے قلب و نظر میں روشنی صدیق کی

جلوۂ خیر الورٰی نے مجھ کو بسمل کر دیا
جب سے ہے میری نظر میں روشنی صدیق کی

آوازِ کے بوسے

مصطفائی شعار میں ہیں صدیق ۔۔۔ پیمبری کا مدار ہیں صدیق

درمیانِ رسول اور امت ۔۔۔ رشتۂ استوار ہیں صدیق

وارثِ منبرِ رسولِ خدا ۔۔۔ نائبِ ذی وقار ہیں صدیق

حکیم مستِ رسولِ اکرم کے ۔۔۔ ہوش میں بادہ خوار ہیں صدیق

دولتِ حبِ سرورِ دیں سے ۔۔۔ ہر طرح مالدار ہیں صدیق

اپنی مرضی سے بے خبر ہو کر ۔۔۔ واقفِ کردگار ہیں صدیق

کوئی پوچھے رسول کے دل سے ۔۔۔ کس قدر جاں نثار ہیں صدیق

یا معیت ہے حق تعالیٰ کی ۔۔۔ یا کہ پیر یارِ غار ہیں صدیق

دینِ حق پر تمہارے لطف و کرم ۔۔۔ بے حد و بے شمار ہیں صدیق

باغباں حسنِ حسین کے ہیں یہ سرکار ۔۔۔ اُس چمن کی بہار ہیں صدیق

بسمل اللہ کی عنایت سے

ہر طرح شاندار ہیں صدیق

آواز کے بوسے

ہر نظر عینِ مشیت حضرتِ صدیق کی
ہر ادا اک خرقِ عادت حضرتِ صدیق کی

لوحِ دین شاہِ طیبہ پر جلی حرفوں کے ساتھ
ثبت ہے مہرِ صداقت حضرتِ صدیق کی

لہجۂ صدیق میں حق سے نبی سے ہمزباں
حق کو ہے کتنی ضرورت حضرتِ صدیق کی

چاہیے کچھ ہو اور کٹھن حالات ہوں ہر گام پر
ہاتھ سے جائے نہ نسبت حضرتِ صدیق کی

جگمگا اُٹھے ہیں شرق و غرب جس کے نور سے
ہے وہ مشکوٰۃ صداقت حضرتِ صدیق کی

مجھ سے عاصی کی زباں پر ذکرِ اُن کا دیکھیے
یہ جلی کیا کم ہے عنایت حضرتِ صدیق کی

رزم ہو یا بزم ہیں ہر جائے سایہ کی طرح
مصطفیٰ سے ہے وہ قربت حضرتِ صدیق کی

ہیں وہی خیرُ البشر تحقیق سے بعدِ نبی
ہے عیاں برحق فضیلت حضرتِ صدیق کی

فیضِ احسانات سے یہ اُمتِ شاہِ اُمم
اب بھی ہے مرہونِ منت حضرتِ صدیق کی

کاش ہو وجہ رضائے حق رضائے مصطفیٰ
کر رہا ہوں میں جو مدحت حضرتِ صدیق کی

نذر کر کے جان و دل بسمل میں ہو جاؤں فدا
گر ملے مجھ کو اجازت حضرتِ صدیق کی

آواز کے بوسے

⬤

مقبلِ ایزدِ غفار جنابِ صدیق   واصلِ احمدِ مختار جنابِ صدیق

واقفِ مرضئ سرکار جنابِ صدیق   صاحبِ اذھانی الغار جنابِ صدیق

دیکھ کر آپ کا دربار جنابِ صدیق   یاد آجاتے ہیں سرکار جنابِ صدیق

مرحبا شاہِ نبوت کے رفیقِ اول   حبذا سیدالاخیار جنابِ صدیق

کس قدر آپ سے مانوس تھے اللہ اللہ   اہلِ بیتِ شہِ ابرار جنابِ صدیق

آپ کے ساتھ ہی دنیا سے ہوا ہے رخصت   آپ کا جذبۂ ایثار جنابِ صدیق

اُس کو ہو جائے گا آقا کا بھی دیدار نصیب   جس کو ہو آپ کا دیدار جنابِ صدیق

ہم تو کیا حق نے بھی صدیق کہا ہے اُن کو   ہیں صداقت کا وہ معیار جنابِ صدیق

آج بھی گنبدِ خضرا کی رفاقت ہے گواہ   یعنی ہیں محرمِ اسرار جنابِ صدیق

آپ کی صرف سفارش سے میری ہو گئی نجات   آپ کی سنتے ہیں سرکار جنابِ صدیق

جو بھی سردارِ دو عالم کے ہیں سائل دل سے

اِن میں ہیں سب کے ہی سردار جنابِ صدیق

آوازِ کے بوسے

اللہ اللہ یہ عظمت حضرتِ صدیق کی
ہم پہ یہ لازم ہے محبت حضرتِ صدیق کی

جب بھی ذکرِ صدیق آئیگا تو وہ یاد آئیں گے
ہے یہی زندہ کرامت حضرتِ صدیق کی

ہم بھی جھک جائینگے قدموں تلک رسولِ اللہ کے
ہے اگر نسبت سلامت حضرتِ صدیق کی

اقتدا کی ہے امام الانبیاء نے جن کی خود
کتنی محکم ہے امامت حضرتِ صدیق کی

شاید آجائے نظر ہم کو جمالِ مصطفیٰ
ہم کو ہو جائے جو دیدِ حضرتِ صدیق کی

وہ جو غارِ ثور میں تھی گنبدِ خضرا میں ہے
ہے مسلسل یہ رفاقت حضرتِ صدیق کی

نام سنتے ہی نبیؐ کا جھوم لیں آنکھوں کو ہم
ہے بنا کردہ یہ سنت حضرتِ صدیق کی

دینِ حق کو آڑے وقتوں میں سنبھالا آپ نے
دیدنی ہے استقامت حضرتِ صدیق کی

آج بھی حق و صداقت اور قیادت کیلئے
ہے زمانہ کو ضرورت حضرتِ صدیق کی

برزخِ کبریٰ ہو کہ ہو عرصہ محشر مرے
کام آئے گی محبت حضرتِ صدیق کی

گنبدِ خضرا تصور میں ہو سبل اُس گھڑی
جب کبھی تڑپائے فرقتِ حضرتِ صدیق کی

آواز کے بوسے

مصطفیٰ پر نثار ہیں صدیق
آل کے غم گسار ہیں صدیق

جس نے تصدیق میں بھی سبقت کی
وہ صداقت شعار ہیں صدیق

باغباں جس کے ہیں شجرِ کونین
اُس چمن کی بہار ہیں صدیق

اہلِ صدق و صفا کی محفل میں
حشر تک تاجدار ہیں صدیق

اُن کو عرفاں ہو آپ کا کیونکر
جن کے دل داغدار ہیں صدیق

مصطفیٰ اور خدا کی نظروں میں
صاحبِ فطن و وقار ہیں صدیق

جادۂ صدق میں تمہارے قدم
آج بھی آشکار ہیں صدیق

اس کے بدر و حنین شعار ہیں
مونس و جاں نثار ہیں صدیق

بزمِ اصحاب ہو کہ خلوت ہو
ہر جگہ رازدار ہیں صدیق

روضۂ مصطفیٰ کے پہلو میں
ربط کی یادگار ہیں صدیق

حبِّ صدیق میں جو ہو مرتسل
اُس کے دل کا قرار ہیں صدیق

آواز کے بوسے

حق تعالیٰ کے لیے تھی دوستی صدیق کی
وقفِ بہرِ مصطفیٰ تھی زندگی صدیق کی

"اذھانی الغار" کہہ کر حق نے ظاہر کردیا
ہے اُسے منظور کتنی دلبری صدیق کی

بھر دیا ہے رب نے سینہ علم سے صدیق کا
کیا سمجھ سکتے ہیں غافل آگہی صدیق کی

کی امام الانبیاء نے بھی خود اُن کی اقتداء
اللہ اللہ ہے پیشان بندگی صدیق کی

غزوہ ہائے خندق و خیبر ہوں یا بدر و حنین
ہر روش تھی جانثاری میں نئی صدیق کی

تا قیامت پردہ فرما کر بھی ہیں آقا کے ساتھ
قربِ کی معراج ہے یہ آخری صدیق کی

فتنہ کذاب مٹایا ہو فسادِ ارتداد
ہر جگہ پر کام آئی حق پرستی صدیق کی

دُس لیا ہے سانپ خوابِ مصطفیٰ کا ہے خیال
اپنے آقا سے ہے یہ دیوانگی صدیق کی

استفادہ کرتے ہیں بسمل طریقت آشنا
نقشبندی کے شمع میں ہے روشنی صدیق کی

آواز کے بوسے

نبیؐ کے عشق میں گم اس قدر صدیق اکبر ہیں
دلُ سا ہے سانپ اس سے بے خبر صدیق اکبر ہیں

نبیؐ کے بعد اس معیار پر صدیق اکبر ہیں
کہا دنیا نے اب خیر البشر صدیق اکبر ہیں

علا ہے تم کو یہ رتبہ فدائے مصطفیٰؐ ہو کر
فدا لاکھوں تمہارے نام پر صدیق اکبر ہیں

نبیؐ کے روضۂ اقدس میں ملتا ہے ثبوت اس کا
کہ اس عالم میں بھی نزدیک تر صدیق اکبر ہیں

صداقت ناز کرتی ہے رفاقت فخر کرتی ہے
جدھر ہیں سیدِ کونین ادھر صدیق اکبر ہیں

ہوئی اُن کے عمل کی بارہا تصدیق قرآں سے
رضائے حق سے اتنے باخبر صدیق اکبر ہیں

نبیؐ کے بعد تھوڑے ہی دنوں یہ رہ سکے زندہ
وفاداری کے اس معیار پر صدیق اکبر ہیں

نبیؐ ہی نے کیا ہے بارہا خود اعتراف اس کا
ہیں جس کے مجھ پہ احسانہ بشر صدیق اکبر ہیں

نبیؐ کے بعد جب رہبرکی دنیا کو ضرورت تھی
اُنہیں اوصاف اُسی معیار پر صدیق اکبر ہیں

جو سب سے پہلے ہو گا داخلِ فردوس امّت میں
بقولِ سرورِ دیں وہ بشر صدیق اکبر ہیں

نبیؐ ہی اس کو جانیں یا پھر اصحابِ نبیؐ بسملؔ
نبیؐ سے کس قدر نزدیک تر صدیق اکبر ہیں

منقبت بہ امیرالمومنین حضرت سیدنا فاروق اعظمؓ

ملی ہے اہلِ نظر ہی کو دولتِ فاروق
ہر ایک کا نہیں حصہ محبتِ فاروق

بہت ہی سخت ہے منزلِ عدالتِ فاروق
شعور کو نہ مو جب تک اجارتِ فاروق

عمر کے نام سے شیطان بھاگ جاتے ہیں
ہے یہ عطیۂ قدرت جلالتِ فاروق

خدا اشعورِ نظر جن کو سرفراز کرے
سمجھ میں آئے گی ان کے حقیقتِ فاروق

روایتیں نہیں تاریخ ہے ثبوت اس کا
ہوئی ہے دین کی وسعت بدولتِ فاروق

یہ اب بھی گنبدِ خضرا سے آ رہی ہے صدا
زمانہ دیکھ لے آکر رفاقتِ فاروق

حیا و جرأت و عدل و صداقت و ایماں
ہے ان صفات کی کثرت میں وحدتِ فاروق

براہِ باب عمر روضۂ نبیؐ پہ رہوں
الٰہی پھر یہ کرم ہو بجز مرمتِ فاروق

وہ جس کو منزلِ معراجِ دین حق کہیے
ہے اس مقام پہ دورِ خلافتِ فاروق

نہ ہوتی ختم نبوت تو ان پہ ہو تی ختم
اسی سے آپ سمجھ لیں فضیلتِ فاروق

وہ آج بھی دلِ بسمل کو یاد آتی ہے
ہوئی ہے جس قدر اس پر عنایتِ فاروق

آواز کے بوسے

فنائی اللہ فنائی المصطفیٰ فاروقِ اعظم ہیں
مجازی شان میں بھی حق نما فاروقِ اعظم ہیں

کبھی انا فتحنا کی صدا فاروقِ اعظم ہیں
کبھی نصرِ عزیزاً کا صلہ فاروقِ اعظم ہیں

کمالِ مصطفیٰ کا آئینہ فاروقِ اعظم ہیں
خرد قاصر ہے آگے اور کیا فاروقِ اعظم ہیں

مرادِ بندگانِ باصفا فاروقِ اعظم ہیں
قبولِ بارگاہِ کبریا فاروقِ اعظم ہیں

رفاقت گنبدِ خضرا کی ہے اب بھی ثبوت اس کا
محمدِ مصطفیٰ سے کب جدا فاروقِ اعظم ہیں

کبھی جو رائے دی نازل ہوئی بن کر وہ آیت
عجب انداز سے قرآں نما فاروقِ اعظم ہیں

نبی سے اور نبی کے گھر سے ان کو فالی نسبت ہے
فدائے اہلِ بیتِ مصطفیٰ فاروقِ اعظم ہیں

شعور منزلِ شاہِ دو عالم جس کی منزل ہے
شریعت کا ایسا راستہ فاروقِ اعظم ہیں

مسلم ہو گئی شانِ عدالت حشر تک جن کی
اک ایسا عدلِ حق کا آئینہ فاروقِ اعظم ہیں

ہوئی جس کی بدولت نصرتِ اسلام مستحکم
محمدِ مصطفیٰ کی وہ دعا فاروقِ اعظم ہیں

جبھی تو ہاشمی بسمل کو یہ ربطِ عقیدت ہے
رسولِ ہاشمی کا معجزہ فاروقِ اعظم ہیں

ابھی تک ذکر ہوتا ہے جہاں فاروقِ اعظم کا   ادب سے نام لیتی ہے زباں فاروقِ اعظم کا

جو عاصی کی زباں پر ہے بیاں فاروقِ اعظم کا   ہوا ہے اُس پہ احسان بیگماں فاروقِ اعظم کا

کسی محکوم کو انصاف کا شکوہ نہ پھر ہوگا   طریقہ سیکھ لیں گر حکمراں من اُردوقِ اعظم کا

یہاں آ کر جبیں ہر اک کی بے قصد جھکتی ہے   نبی کا آستاں ہے آستاں فاروقِ اعظم کا

شریعت ہے اٹل اِن کی قدم مضبوط ہیں اِن کے   ہوا ہے سخت سے سخت امتحان فاروقِ اعظم کا

دلوں وہ عظمتِ اسلام بھر جاتی ہے آنکھوں میں   کہ اب بھی نام آتا ہے جہاں فاروقِ اعظم کا

ریاضِ دہر کا مالک جو ہے اُس کا محافظ ہے   خزاں نا آشنا ہے گلستاں فاروقِ اعظم کا

ہوئی قرآن سے تصدیق جو اُن کو خیال آیا   یقیں کی منزل آخر لگاں فاروقِ اعظم کا

لرز جاتے تھے اُن کا نام سُن کر قیصر و کسریٰ   اطاعت کیش تھا ہر حکمراں فاروقِ اعظم کا

رہا ہے آج تک باقی نشانِ اسلام دنیاں کا   گیا ہے جس طرف بھی کارواں فاروقِ اعظم کا

محمد کی زباں نے اُن کی جب توصیف کی بسملؔ

کہاں اپنی زباں ۔ رتبہ کہاں فاروقِ اعظم کا

آوازِ کے بوسے

نبی نے کی ہے ایسی رہبری فاروقِ اعظم کی — نمونہ ہے نبی کا زندگی فاروقِ اعظم کی

برائے قتل آئے تھے مگر اس شاہِ خوباں نے — بدلی ہی اک نظر میں زندگی فاروقِ اعظم کی

لرزتے ہیں سلاطینِ جہاں رُعبِ خلافت سے — غریبوں سے مگر ہے دوستی فاروقِ اعظم کی

کسی بھی مسئلہ میں اختلافِ رائے ہوتے ہی — کلامِ حق نے خود تصدیق کی فاروقِ اعظم کی

شریعت اور طریقت میں مکمل ربط ہو جانا — با الفاظِ دگر ہے زندگی فاروقِ اعظم کی

دہاں انسان خود قرآن کی تفسیر ہوتا ہے — جہاں پیشِ نظر ہے زندگی فاروقِ اعظم کی

نبی ہوتا جو میرے بعد کوئی وہ عمر ہوتا — بیاں کرتے ہیں یہ عظمتِ نبی فاروقِ اعظم کی

ہوا ہے فرق ظاہر در حقیقت حق و باطل میں — مددجوئیں کو حاصل ہوئی فاروقِ اعظم کی

نبی کے گھر میں اُن کی رائے سے جاری ہوا پردہ — کہاں کام آئی ہے حق آ گئی فاروقِ اعظم کی

نکلنا رات کو چھپ کر غریبوں کی مدد کرنا — خلافت میں ہے یہ فرض آ گئی فاروقِ اعظم کی

بہت سی بدعتیں پھر ہو گئی ہیں دین میں سبل
ضرورتِ دین کو ہے آج بھی فاروقِ اعظم کی

آواز کے بوسے

نہ ہوتا قلب کیوں حق آشنا فاروقِ اعظم کا — ہوا محبوبِ حق جب بنا فاروقِ اعظم کا

ہے باقی آج بھی یہ مرتبہ فاروقِ اعظم کا — نبی فاروقِ اعظم کے خدا فاروقِ اعظم کا

نبی فرما چکے رحلت یقیں آتا نہیں اُن کو — نبیؐ سے ہے یہ معیارِ وفا فاروقِ اعظم کا

علی الاعلان حق کی ہو گئی تفریق باطل سے — سہارا دین کو جب مل گیا فاروقِ اعظم کا

زباں سے اُنکی جو نکلا وہی آیت ہوئی نازل — رہا دل اس قدر حق آشنا فاروقِ اعظم کا

یہی تو دورِ فاروقی کی شانِ امتیازی ہے — غریبوں کو سہارا مل گیا فاروقِ اعظم کا

نہ اس کے عدل سے پھر ہو سکے شکوہ زمانہ کو — لے جس حکمراں کو نقشِ پا فاروقِ اعظم کا

کبھی وہ دن بھی تھے اُنکو نبیؐ نے حق سے مانگا تھا — مگر اب خود نبیؐ ہیں مدعا فاروقِ اعظم کا

نبیؐ کی صحبتوں میں اُن کو سبیل جس نے دیکھا ہے

وہی کچھ جانتے ہیں مرتبہ فاروقِ اعظم کا

آواز کے بوسے

منقبت امیرالمومنین حضرت سیدنا عثمان غنیؓ

دین پر آپ کے احسان ہیں عثمانِ غنی
آپ بھی اس کے نگہبان ہیں عثمانِ غنی

مرحمت صاحبِ قوسین سے دو نور ہوئے
کس قدر خسروِ ذی شان ہیں عثمانِ غنی

درمیاں میرے اور عثمان کے ہیں اہلِ بہشت
یہ مرا قول نہیں ہے، یہ ہے ارشادِ نبی
ایسے اک صاحبِ فرمان ہیں عثمانِ غنی
کتنے تجھ پہ تیرے احسان ہیں عثمانِ غنی

آتشِ عشقِ محمدؐ میں سرا پا ہیں فنا
یعنی گنجینہ عرفان ہیں عثمانِ غنی

گلشنِ پاکِ رسالت میں برنگِ خوشتر
رشکِ صد سنبل و ریحان ہیں عثمانِ غنی

دیکھ کر آپ کے ایمان و حیا کی منزل
خود ملائک بھی تو حیران ہیں عثمانِ غنی

دلِ غنی آپ کا ہے کس قدر رائقہ معنی
کتنے سلطانوں کے سلطان ہیں عثمانِ غنی

فنِ انشا میں کوئی تھا نہ جو ان کا جواب
اور پھر صاحبِ دیوان ہیں عثمانِ غنی

جن کی بیعت کا ہزاروں کو ہے ارماں
ان کے دل کا بھی تو ارمان ہیں عثمانِ غنی

مجھ کو خود نسبتِ حیدر کی قسم ہے بسمل
میرا دل اور میری جان ہیں عثمانِ غنی

آواز کے بوسے

ویسے ہی ہیں جامع القرآن عثمانِ غنی
جیسے ہیں ذوالنورین عثمانِ غنی

"متکے" اور عثمان کے ہیں درمیان اہلِ بہشت
ہے رسولُ اللہ کا فرمان عثمانِ غنی

حق نگر میں حق رسا ہیں حق نما ہیں حق شناس
آپ ہی ہیں اس شان کے انسان عثمانِ غنی

دستِ عثمانؓ کا بدل ہے دستِ پاکِ مصطفیٰ
کہہ رہی ہے بیعتِ رضوان عثمانِ غنی

آپ کی ہر شان خود یہ کہہ رہی ہے آپ سے
آپ ہیں کتنے عظیم الشان عثمانِ غنی

جب کبھی آئی ہے یاد اس طرح آئی آپ کی
ہو گیا تازہ میرا ایمان عثمانِ غنی

ہے رسولُ اللہ کے فیضانِ نسبت کا اثر
عام ہے جو آپ کا فیضان عثمانِ غنی

مل گیا ہے دامنِ اصحابؓ دامانِ رسول
تھامتے ہی آپ کا دامان عثمانِ غنی

بار ہا دینِ مبیں پر امتِ مرحوم پر
آپ نے فرمائے ہیں احسان عثمانِ غنی

آپ کی مرضی کا اور منشاء کا ہے صرف انتظار
جان ہے سو جان سے قربان عثمانِ غنی

قلبِ بسمل کا ہرِ اک گوشہ منور ہو گیا
آپ جب سے آئے ہیں یہاں عثمانِ غنی

آواز کے بوسے

کامل الایمان عثمانِ غنی   جامع القرآن عثمانِ غنی

کس قدر ہیں امتِ مرحوم پر   آپ کے احسان عثمانِ غنی

جن سے سیکھیں خود ملائک بھی حیا   ایسے ہیں انسان عثمانِ غنی

حلم ہو جود و سخا ہو یا حیا   سب کے ہیں عنوان عثمانِ غنی

بیعتِ رضوان ہے اس کا ثبوت   کہتے ہیں ذی شان عثمانِ غنی

حق نگر جب تک نہ ہو ممکن نہیں   آپ کا عرفان عثمانِ غنی

رحمۃ للعالمیں کی ہیں عطا   حق کا ہیں فیضان عثمانِ غنی

آپ کے قدموں میں ہو منّین میرا   ہے یہی ارمان عثمانِ غنی

جز درِ دامانِ محمد مصطفیٰ   آپ کا دامان عثمانِ غنی

حق نے دی ہے قدر میں شانِ ہی جنہیں   ان کے ہیں سلطان عثمانِ غنی

آپ کے رستم کو مل جائے زباں

مدح کے ستایاں عثمانِ غنی

آواز کے بوسے

علما جوں نعت میں مدحت کے ثنا خواں حضرتِ عثماں　　یہ میری منقبت کا آج عنوان حضرتِ عثماں

نبی خود میں تمہی کے یوں ثنا خواں حضرتِ عثماں　　گویا کی روح میں اور جانِ ایماں حضرتِ عثماں

نبی کے دور کا ہر اک مسلماں حضرتِ عثماں　　رہا ہے آپ کا ممنونِ احساں حضرتِ عثماں

نبی کے دور میں خود یہ مقام اُن کو رہا حاصل　　رہے اسلام کی بن کر رگِ جاں حضرتِ عثماں

تمہاری ہی بدولت آبِ شیریں ملی سب کو　　کیا اس طرح تم نے سب پہ احساں حضرتِ عثماں

نبی کے حکم پر راہِ خدا میں دی دیا سب کچھ　　رہا یہ آپ کا کارِ نمایاں حضرتِ عثماں

کیا قرآن پر تم نے جبر وسہ آخری دم تک　　تمہارے ہاتھ سے چھوٹ مانہ قرآں حضرتِ عثماں

نبی نے خود سادی تھی شہادت کی خبر تم کو　　یہی تھا اصل میں منشائے یزداں حضرتِ عثماں

حکومتِ غم کر دی تم نے آخر ملکِ فارس کی　　بھلا یا جا نہیں سکتا یہ احساں حضرتِ عثماں

تمہارے گھر کو جس دم باغیوں نے گھیر رکھا تھا　　حجلے کے نو اسطے نگہباں حضرتِ عثماں

خدا کی راہ میں بسمل سخی تھے اور یہی لیکن

رہے اس وصف میں سب سے نمایاں حضرتِ عثماں

آوازِ کے بوسے

منقبت امیر المومنین حضرت سیدنا علی المرتضیٰؑ

سمجھ رکھی تھی دل نے عشق کی وارفتگی آساں
تولائے علیؑ سے ہوگئی منزل رسی آساں

ابھی آواز دوں گا اُن کو ہوگی یہ ابھی آساں
اِدھر نام علیؑ آیا اُدھر مشکل ہوئی آساں

علیؑ کی معرفت ذہنِ بشر سے غیر ممکن ہے
کرم سے اپنے کر دیا اسکو خود تم یا نبی آساں

بڑی مشکل سے دامانِ محمد ہاتھ آتا ہے
بہت مشکل سے ہوتی ہے تولائے علیؑ آساں

نبیؐ کی معرفت ہو یا شعورِ ذات کی منزل
مجھے مشکل ہے سب مولا کرم تم کو بھی آساں

یہ کہیے دامنِ آلِ عبا نے لاج رکھ لی ہے
خرد والوجہوں میں تھی کہاں بجھیے گئی آساں

تمہاری اک نگاہِ لطف سے دارین کی دولت
کرم کرنا تمہیں ہے اے سخی ابنِ سخی آساں

بہت دشوار تھی منزل کسی رہِ حقیقت کی
درِ حیدر کے سجدوں سے ہوئی بے خودی آساں

خدائی اُن کے اک ادنیٰ اشارے پر مسخر ہے
غلامانِ علیؑ پر حق نے کی ہے سروری آساں

کسی مجروح دل نے یا علیؑ تم کو پکارا ہے
مو تم مشکل کشا کر دو یہ لطفِ معنوی آساں

خدا کے نام پر جینا خدا کے نام پر مرنا
علیؑ نے کر دیا بسمل شعورِ زندگی آساں

آواز کے بوسے

علیؑ نورِ پیمبرؐ مظہرِ شانِ پیمبرؐ ہیں
نبیؐ ہیں شہرِ علمِ حق علیؑ اس شہر کا دَر ہیں

نصیری کے عقیدے سے کوئی مطلب نہیں ہمکو
مگر ہم اہلِ ایماں کیلئے وہ بندہ پرور ہیں

ولادت اور شہادت دونوں ہیں اللہ کے گھر میں
امام اولیاءِ ہیں زینتِ محراب و منبر ہیں

محمدؐ جس کے مولا ہیں علیؑ بھی اسکے مولا ہیں
زبانِ مصطفیؐ سے اس الوہیت پہ حیدرؑ ہیں

علیؑ کو دیکھتا ہو تو نبیؐ کی شکل میں دیکھو
بیانِ مصطفیؐ سے لحمک لحمی کے مظہر ہیں

پکارو مشکلوں میں اور اُن کا کرم دیکھو
سمجھ میں آئیگا کس شان کے محبوبِ داور ہیں

جسے کہتے ہیں سلسبیل وہ تو ہے پروردہ نسبت
وراثت سے بھی نعلینِ مقدس اُسکے سر پہ ہیں

آواز کے بوسے

فدائے روئے علی مرتضیٰ ہوا سو ہوا
گدائے کوئے شہِ اولیا ہوا سو ہوا

درِ عشی پہ جو سجدہ ادا ہوا سو ہوا
یہ بندگی میں مرا وصلہ ہوا سو ہوا

بڑے مزے کا یہ رشتہ ہوا ہوا سو ہوا
بیرونِ خانہِ علی میں درونِ خانہِ علی

میں بندہ اُس کا وہ مولا مرا ہوا سو ہوا
یہ اپنے اپنے مقدر کی بات ہے زاہد

نبی کے حُسن کا وہ آئینہ ہوا سو ہوا
جو ہر طرح سے جمالِ نبی کا مظہر ہے

نصیریوں کو یہ دھوکا ہوا ہوا سو ہوا
صفاتِ ذاتِ علی میں نظر جو آئے ہیں

بہارے حق میں وہ مشکل کشا ہوا سو ہوا
ہم اُسکو کیسے بھلائیں کسی بھی مشکل میں

وہ ہر زمانے میں شیرِ خدا ہوا سو ہوا
یہ وہ مقام ہے جبکو عطائے حق کہیئے

دو جبکے ٹکڑوں پہ شاہوں کی ہے گزر سبیل
اُسی حضور کا میں بھی گدا ہوا سو ہوا

اُداز کے بوسے

○

کوئی مشکل بھی ہو مشکل کشا کا نام لینا ہے — صدا دے کر اُنھیں دامن کو اُنکے تھام لینا ہے

جسے عرفاں کی منزل پر بھی پہنچنا ہے تو پھر اُسکو — خدا کا نام لیکر بھی علی کا نام لینا ہے

کبھی مدحتِ علی کی کرکے تم دیکھو مدینے میں — شہرِ کونین سے تم کو اگر انعام لینا ہے

رکھو تم دامنِ حبِّ علی مضبوط ہاتھوں میں — لحد میں خلد میں تم کو اگر آرام لینا ہے

چلے آئے ہیں یہ سب بندہ بیدام قدموں میں — حضور اپنے غلاموں کو ثواب بیدام لینا ہے

مقدر سے ملے حبِّ علی ملتی ہے ایسوں کو — لبِ کوثر جنہیں دستِ علی سے جام لینا ہے

جو ان کا ہو گیا کیا سہل وہ ہے اس راز سے واقف — علی مشکل کشا کے نام سے کیا کام لینا ہے

آوازِ کے بوسے

زباں پر نام ہے جب سے علی کا — سلیقہ آ گیا ہے زندگی کا

علی مرکزِ مذہب ہے رازِ خفی کا — یہی صدرِ رحبی ہے فیضِ جبلی کا

کرم ہے یہ سخی ابنِ سخی کا — ملا ہر ایک کو صدقہ علی کا

علی کی معرفت اللہ اکبر — نہیں ہے کام یہ ہر آدمی کا

خدا کے گھر میں پائی ہے شہادت — ادا یوں حق ہوا ہے بندگی کا

جہاں شمس و قمر کرتے ہیں سجدے — یقیناً ہے وہ نقشِ پا علی کا

جمالِ مرتضیٰ ہے اور میں ہوں — یہ عالم ہے نظر کی روشنی کا

نظر میں عظمتِ کعبہ کو رکھ کر — سمجھ لیتا ہوں میں رتبہ علی کا

دمِ مشکل کچھ اندازہ ہوا ہے — علی مشکل کشا کی رہبری کا

کھلا ہے راز یہ راہِ نجف میں — یہی اک راستہ ہے حق رسی کا

ازل سے ہے درِ حیدر سے رشتہ

نصیرالدین بسمل ہاشمی کا

آواز کے بوسے

بستر یہ مصطفیٰؐ کے شہِ بوترابؓ ہے
یہ حسنِ انتخاب بھی کیا انتخاب ہے

پیشِ نظر جو روئے ولایت مآب ہے
دیکھیں اس آفتاب کو کب اتنی تاب ہے

ثانی ملے گا انس کا کہیں وہم و خواب ہے
اُس کا جواب کیا ہو جو اپنا جواب ہے

اے صاحبانِ فہم و ذکاء بوترابؓ سے
الغت ثواب اور عقیدت ثواب ہے

اسرارِ باطنی ہوں کہ افکارِ ظاہری
شہرہ اُن کا مصطفیٰؐ ہیں علیؓ اُسکا باب ہے

بدر و حنین ہوں کہ موخیبر کا معرکہ
پیشِ نظر علیؓ کی شجاعت کا باب ہے

سیرت میں مصطفیٰؐ کی ہے ضم سیرتِ علیؓ
یہ ہے وہی کتاب جو اُم الکتاب ہے

تو مانگ لے خدا سے پھر اب سیفِ حیدریؓ
مسلم ترے جو پیشِ نظر انقلاب ہے

حسنِ علیؓ ہے ظاہر و باطن میں جلوہ گر
گا ہے نقاب میں ہے گئے بے نقاب ہے

دہ جبکے ساتھ ہیں تو خدا بھی ہے اسکے ساتھ
چھوڑے اگر علیؓ کو تو مٹی خراب ہے

میں عشقِ مرتضیٰؐ میں ہوں بسمل بنا ہوا
دل آتشِ فراق میں جل کر کباب ہے

آواز کے بوسے

میرے ہاتھوں میں بجے ہیں دامن علی کا   کرم اب لازم آ ہو گا نبی کا

علی کے نام پر قربان ہونا   یہی ہے عین مقصد زندگی کا

سبھی کے حق میں یہ مشکل کشا ہیں   جہاں میں بول بالا ہے علی کا

تولائے علی سے جز دامِ ایماں   مقام ایمان کی ہے پختگی کا

علی جس کے ہیں اسکے مصطفیٰ ہیں   میں اس نسبت سے ہوں بندہ علی کا

علی سے حق ہے اور حق سے علی ہیں   یہ ہے ارشاد خود حق کے نبی کا

خرد پیرو ہے میرے نقشِ پا کی   ہوا ہوں جب سے دیوانہ علی کا

نظر میں ہے جو میری شانِ طیبہ   وہی نقشے در بارِ علی کا

علی کا فیض جاری ہے یہ سبیل

علی سے ربط ہے ہر اک ولی کا

آواز کے بوسے

خود "حق مع العلیّ" سے یہی آشکار ہے
ہر رازِ معرفت کا علیؓ رازدار ہے

ذی شان و ذی کمال ہے اور ذی وقار ہے
مولائے کائنات ہے گردوں مدار ہے

ارشادِ مصطفیٰؐ بھی یہی بار بار ہے
اسلام کے چمن میں علیؓ سے بہار ہے

دستِ علیؓ میں دیکھا ہے اسلام نے مدام
قرآن ہے کبھی تو کبھی ذوالفقار ہے

میری خطا ادھر ہے علیؓ کی عطا ادھر
اس کا شمار ہے نہ تو اسکا شمار ہے

خیبر کے معرکہ میں مواسب یہ عیاں
دستِ علیؓ میں قوتِ پروردگار ہے

روزِ ازل ملا تھا جو جامِ مئے نجف
رندوں پہ حشر میں بھی اسی کا خمار ہے

حبِّ علیؓ نے راز یہ سمجھا دیا مجھے
دیوانہ اُن کا جو ہے وہی ہوشیار ہے

کردارِ مصطفیٰؐ کی ہے تصویر ہر عمل
انوارِ مصطفیٰؐ کا بھی آئینہ دار ہے

نثار بناوں خاکِ درِ بوترابؑ سے
قرباں جو اُن پہ جان ہے اور دل نثار ہے

ہستی عجیب شے ہے تولائے مرتضیٰؐ
یعنی کہ بیقراری سے دل کو قرار ہے

آوازکے بوسے

مولا ہیں ہمارے تو نصیری کے خدا ہیں   سرکار ہی بولیں گے علی اصل میں کیا ہیں

نظروں میں مری اُنکے نقوش کفِ پا ہیں   محسوس یہ ہوتا ہے عشق راہ نما ہیں

اس درجہ علیؑ ذاتِ محمد میں فنا ہیں   یہ دونوں ہیں ایک ایسے کہ دونوں کی قبا ہیں

ہر منزلِ احساس تعین سے وری ہیں   اس درجہ علیؑ واقفِ اسرارِ انا ہیں

عرفانِ جمالِ عشق جن کو ہوا حاصل   اُن کے لیے ہر سمت عشق جلوہ نما ہیں

لے شاہِ نجف سے وہ تر رُتبۂ عالی   شاہانِ زماں تیرے گدا دل کے گدا ہیں

دیدارِ علیؑ مردِ مسلماں کی عبادت   الفاظ یہ فرمودۂ محبوبِ خدا ہیں

اک حاتمِ کرم اے شہِ والا ادھر بھی   ہم بھی تو غلامانِ امیرِ شہدا ہیں

شاہانِ زماں بن کے فقیر آئے ہیں اِدھر   یہ رکھ کے یقیں آپ محبّ الفقرا ہیں

ہے شاہِ دو عالم کے گھٹانے کا یہ حصّہ   اس گھر کے ہیں جو لوگ وہ راضی برضا ہیں

دنیا کے علائق کا اُسے خون و خطر کیا

بسمل کی مدد کیلئے جب شیرِ خدا ہیں

آواز کے بوسے

وارثِ انبیاء مورثِ اولیا یا علی مرتضیٰ یا علی مرتضیٰ
صاحبِ ذوالفقار اُس پہ چلانتی یا علی مرتضیٰ یا علی مرتضیٰ

یا نبی مصطفیٰ یا نبی مصطفیٰ یا علی مرتضیٰ یا علی مرتضیٰ
اک شہِ انبیاء اک شہِ اولیاء یا علی مرتضیٰ یا علی مرتضیٰ

محورِ دل ہو تم مرکزِ جاں ہو تم مرجعِ دین و ایماں و عرفاں ہو تم
ایک ہی تم عنایت براۓ خدا یا علی مرتضیٰ یا علی مرتضیٰ

جس جگہ ہوں تمہارے نقوشِ قدم اہلِ دل کے بنیں گے وہیں پہ حرم
مرکزِ سجدہ ہے آپ کا نقشِ پا یا علی مرتضیٰ یا علی مرتضیٰ

تان کر اپنا سینہ جو چلتا ہے وہ اور گر کر بھی خود ہی سنبھلتا ہے وہ
وہ یقیناً تمہارے ہے درکا گدا یا علی مرتضیٰ یا علی مرتضیٰ

اسکے چہرے پہ ہو نیکی ضیا باریاں لے کے نورِ رسالت کی پھیلیاں
دل میں روشن ہوئی ہے کے شمع دلا یا علی مرتضیٰ یا علی مرتضیٰ

آواز کے بوسے

ربط و نسبت کا ہے بے شک یہ فیضان ہے میرے مولا تمہاری بزرگ شان ہے
جب بھی دیکھا نظر آئے تم مصطفیٰؐ یا علیؑ مرتضیٰؑ یا علیؑ مرتضیٰؑ

کام مشکل کشائی کا حق تم نے دیا کام حاجت روائی کا حق تم نے دیا
تم ہو مشیرِ خدا تم ہو مشکل کشا یا علیؑ مرتضیٰؑ یا علیؑ مرتضیٰؑ

زیرِ سایہ تمہارے ہیں جیسے یہاں اے فخرِ اولیاء اے شہِ اصفیاء
حشر میں بھی تمہارے ہوں زیرِ لواء یا علیؑ مرتضیٰؑ یا علیؑ مرتضیٰؑ

کربلا سے مدینہ کہاں دور ہے یا نجف سے مدینہ کہاں دور ہے
کم نگاہی سے اپنی ہے یہ فاصلہ یا علیؑ مرتضیٰؑ یا علیؑ مرتضیٰؑ

ع ازل سے تمہارے ہی درکا گدا ہے رہا ہے تمہارا یہ سبیل صلا
تم پہ مرنا ہے درِ اصل ورثہ مرا یا علیؑ مرتضیٰؑ یا علیؑ مرتضیٰؑ

آوازکے بوسے

شعلۂ عشقِ شہِ دوسرا علیؑ سے ملا — مقامِ قربِ درِ کربلا علیؑ سے ملا

میں کیا بتاؤں تمہیں تجھ کو کیا علیؑ سے ملا — خدا گواہ درِ مصطفیٰ علیؑ سے ملا

کوئی ہو وقت کوئی دور ہو کوئی حالات — زمانہ بھر کو نیا جو صلہ علیؑ سے ملا

وہ اولیاء ہوں کہ اقطاب ہوں کہ کوئی ہو — بڑے بڑوں کو بھی جو کچھ ملا علیؑ سے ملا

رہِ حیات میں کام آئے ان کے نقشِ قدم — قدم قدم پہ مجھے راستہ علیؑ سے ملا

کوئی بھی حادثہ ہم کو ڈرا نہیں سکتا — بہ ہر مقام ہمیں آسرا علیؑ سے ملا

مقامِ عشق ہے سلبِ شعور کی منزل — خودی سے دور جو ہم ہو گیا علیؑ سے ملا

اب اور چاہیے کیا تجھ کو اے دلِ بسمل

نہ ہے نصیب کہ ذوقِ ولا علیؑ سے ملا

آواز کے بوسے

○

پہلے یادِ مرتضیٰؑ دل میں بسا کر دیکھنا
قلبِ کا پھر اپنے ہر گوشہ منوّر دیکھنا

آستانِ مرتضیٰؑ پر سر جھکا کر دیکھنا
اسکے بعد اپنا عروج اپنا مقدّر دیکھنا

اہلِ نسبت کیلئے دونوں برابر دیکھنا
نورِ حیدرؑ دیکھنا نورِ پیمبرؐ دیکھنا

واپسی کے وقت وہ لمحہ عجب دلسوز ہے
چلتے چلتے روضہ حیدرؑ کا منظر دیکھنا

یہ جمالِ مرتضیٰؑ ہے طور کا جلوہ نہیں
ہر نظر کو منزلِ نسبت میں لا کر دیکھنا

رو سیاہی ایک ہی لمحہ میں ہو جائیگی صاف
خاکِ پائے مرتضیٰؑ چہرہ پہ مَل کر دیکھنا

کچھ سے کچھ ہو جاؤگے یا دار پر چڑھ جاؤگے
جلوہ مشکل کشا کو ہوش رکھ کر دیکھنا

خود تمہیں اپنا بنا لے گی یہ ساری کائنات
دل سے مولاؑ کو کبھی اپنا بنا کر دیکھنا

اس پہ لایا ہے چہ رُخ کر گر دے پائے مرتضیٰؑ
بسمل عاصی کے یہ عصیاں کا دفتر دیکھنا

آواز کے بوسے

ہیں ایسے جلوہ بہ داماں علی کے نقشِ قدم   کہ جیسے حسنِ فروزاں علی کے نقشِ قدم

ہر اک دردِ کا درماں علی کے نقشِ قدم   مری حیات کا ساماں علی کے نقشِ قدم

علی کی ذات تو تسکینِ جان و ایماں ہے   کہہ ہی قرارِ دل و جاں علی کے نقشِ قدم

نہ جانے کتنی ہی صدیاں گذر گئیں لیکن   ہیں اب بھی کتنے درخشاں علی کے نقشِ قدم

مصیبتوں میں قدم جب بھی ڈگمگاتے ہیں   بنے ہیں میرے نگہباں علی کے نقشِ قدم

جو سعیِ کجھی باطل نے سر اٹھانے کی   ہوئے ابھر کے نمایاں علی کے نقشِ قدم

علی کو دیکھو نبی کے ہیں وہ قدم بہ قدم   ہیں رہنمائے مسلماں علی کے نقشِ قدم

بسالوں دل میں انہیں اور کروں طواف ان کا   ملیں جو مجھ کو ہے ارماں علی کے نقشِ قدم

وہیں بنے گی پھر اک سجدہ گاہ اہلِ نظر   جہاں بھی ہوں گے نمایاں علی کے نقشِ قدم

ہما شما کا تو کیا ذکر ہے یہاں بسمل

خدا ولی کا ہیں عرفاں علی کے نقشِ قدم

آواز کے بوسے

انتہا پر جب پہونچتی ہے ولائے بو تراب
دل کی ہر دھڑکن میں آتی ہے صدائے بو تراب

یا محمد ہے یہ مدحت آپ کے محبوب کی
ہوں عطا الفاظ شایانِ ثنائے بو تراب

یہ وہ دولت ہے جو مختص ہے اسی کو اسلئے
فطرتِ مومن میں داخل ہے ولائے بو تراب

مشکلوں میں آ ماکر ہم نے دیکھا بارہا
کام جب کوئی نہ آیا کام آئے بو تراب

رزمِ خیبر میں یہ خود قدرت نے ثابت کردیا
قوتِ بازو دُئے احمد بنکے آئے بو تراب

اس سے بڑھ کر اور کیا ہو مصافِ ارشادِ رسول
"وہ نہیں میرانہ موجبِ کو دلائے بو تراب"

یہ بھی ان سب کے ہیں مولا جن کے مولا ہیں نبی
اب سمجھ لیجیے کہاں پہونچے ہیں پلے بو تراب

زندگی میں قبر میں ہنگامِ پُرسش حشر میں
کام ہر منزل میں آتی ہے ولائے بو تراب

سب کو ماصل ہو نہیں سکتا ولایت کا مقام
سب کی قسمت میں کہاں سے خاکِ پا بو تراب

جب محمد کو ہوئی محبوبِ حق کی جستجو
ہم طلمائی کے لیے تشریف لائے بو تراب

قول یہ میرا نہیں بسمل ہے ارشادِ رسول
ہو کہاں دل میں منافق کے ولائے بو تراب

آوازِ کے بوسے

منقبت حضرتِ سیدۃ النساء العالمین

سراپا زندگی عکسِ نبوت فاطمہ کی ہے
جو سیرتِ مصطفیٰ کی ہے وہ سیرت فاطمہ کی ہے

کبھی اُن کی سفارش رد نہیں ہوتی رسالت میں
شہِ کونین کے دل میں وہ عظمت فاطمہ کی ہے

یہ وہ البتہ رسالت سے امانت ان سے وابستہ
خرد سے ماورا ہے جو فضیلت فاطمہ کی ہے

نبی کو منظرِ دحشتِ شہود و غیب سے دیکھا
بصارت فاطمہ کی ہے بصیرت فاطمہ کی ہے

وہ ہیں خاتونِ جنت نورِ چشمِ شافعِ محشر
گنہگاروں کو یوں حاصل حمایت فاطمہ کی ہے

سمجھ لیجے ہمیشہ مہرباں ہیں پنجتن اس پر
جہاں جس پر بھی اک چشمِ عنایت فاطمہ کی ہے

کروں قربان اپنا گھر سا گھر میں اُنکے قدموں پر
صدائے جو طیبہ سے اجازت فاطمہ کی ہے

مجھے کیا خوف اپنی بے سر و سامانیوں کا ہو
سلامت سب میں گر نسبت سلامت فاطمہ کی ہے

بظاہر تو یہی ہیں آیتِ تطہیر کا مظہر
نہاں کتنے ہی پردوں میں حقیقت فاطمہ کی ہے

میرے سرکار کی ہر دا محبت ہے میرے دل میں
میرے سرکار کے دل میں محبت فاطمہ کی ہے

اسی پر ناز ہے ہم کو کہ ہیں پروردۂ نسبت
رسولِ اللہ سے نسبت جو نسبت فاطمہ کی ہے

آواز کے بوسے

مظہرِ خیر البشر یا فاطمہ یا مرتضیٰ   جی رہا ہوں آس پہ یا فاطمہ یا مرتضیٰ

کس قدر آفات میں ہے یہ تمہارا خانہ زاد   کچھ تمہیں بھی ہے خبر یا فاطمہ یا مرتضیٰ

اب کہاں احساسِ مشکل اب کہاں احساسِ غم   آپ ہیں پیشِ نظر یا فاطمہ یا مرتضیٰ

آپ دونوں میں نظر آتے ہیں اُن کو مصطفیٰ   جن کو حاصل ہے نظر یا فاطمہ یا مرتضیٰ

ہیں مخدّر بھی وہاں اور رحمتِ حق بھی وہاں   حشر میں تم ہو وہ بھرم یا فاطمہ یا مرتضیٰ

اُن کو دامانِ نبی سے کوئی نسبت ہی نہیں   ہیں جو تم سے بے خبر یا فاطمہ یا مرتضیٰ

آپ دونوں کے تصور میں جو آنکھیں بند کیں   مصطفیٰ آئے نظر یا فاطمہ یا مرتضیٰ

منزلِ مقصد نظر آنے لگی ہر گام پر   جب کہا ہر گام پر یا فاطمہ یا مرتضیٰ

ہر نفس پر بڑھ رہی ہے نسبتِ خیر البشر   کہہ رہا ہوں جس قدر یا فاطمہ یا مرتضیٰ

صاف ظاہر ہے یہ سبیل آیۃ تطہیر سے

حق کی ہے تم پر نظر یا فاطمہ یا مرتضیٰ

آواز کے بوسے

تم کو پہچان سکتی نہیں ہر نظر سیدہ فاطمہ سیدہ فاطمہ
تم ہو در اصل تصویرِ خیرُ البشر سیدہ فاطمہ سیدہ فاطمہ

تم ہو خیرُ النساء باپ خیرُ البشر سیدہ فاطمہ سیدہ فاطمہ
بس تمہاری یہ تعریف ہے ختم سیدہ فاطمہ سیدہ فاطمہ

آپ فرمائیں جس پر کرم کی نظر سیدہ فاطمہ سیدہ فاطمہ
مہرباں اُس پہ ہو جائیں خیرُ البشر سیدہ فاطمہ سیدہ فاطمہ

یہ مقام اور فضیلت تمہیں کو ملی یہ بزرگی یہ عظمت تمہیں کو ملی
گھر تمہارا ہے اتنے اماموں کا گھر سیدہ فاطمہ سیدہ فاطمہ

فاطمہ ہے تبھی اسمِ پاک آپ کا ہے خواتین کو آسرا آپ کا
مختصر ہے بس اُنکی نجات آپ پر سیدہ فاطمہ سیدہ فاطمہ

وقتِ آخر ہدایت جو دی آپ نے وقتِ آخر وصیت جو کی آپ نے
ختم نسوانیت ہو گئی آپ پر سیدہ فاطمہ سیدہ فاطمہ

رکھ کے جبرِ مشیت کو پیشِ نظر ساری دنیا کے جھگڑوں سے ہیں بے خبر
دنگ قدرت ہے بسمل اس ایثار پر سیدہ فاطمہ سیدہ فاطمہ

آواز کے بوسے

اللہ اللہ کے تمہارا مرتبہ یا فاطمہؓ — بہرِ تعظیم اُٹھ رہے ہیں مصطفیٰؐ یا فاطمہؓ

ہو گیا عرفان جس کو آپ کا یا فاطمہؓ — کھل گیا اُس پر مقامِ مصطفیٰؐ یا فاطمہؓ

راحتِ قلبِ رسولِ اکبرؐ بابا یا فاطمہؓ — رونقِ دولت سرائے مرتضیٰؑ یا فاطمہؓ

ہے رہا ہوں ابنِ حسنؑ کا واسطہ یا فاطمہؓ — رد اگر جائے تو کر دو التجا یا فاطمہؓ

تم ہر اک مشکل میں ہو اُس کی شریکِ زندگی — ہے جو عالم کے لیے مشکل کشا یا فاطمہؓ

سب سے پہلے یہ چلے آتے ہیں تم کو دیکھنے — جب سفر سے لوٹتے ہیں مصطفیٰؐ یا فاطمہؓ

گنبدِ خضرا سے آئی ہے صدا لبیک کی — جب کبھی میں نے مصیبت میں کہا یا فاطمہؓ

تم وہ بیٹی ہو جو ہے تصویر اپنے باپ کی — تم پہ نازاں ہیں محمد مصطفیٰؐ یا فاطمہؓ

صنفِ نازک کے لیے تم ہو یکِ مصطفیٰؐ — ہر عمل سے تم نے ثابت کر دیا یا فاطمہؓ

جو مقامِ مرتضیٰؑ سے آج بھی ہیں بے خبر — اُن کو دکھلا دو مقامِ مرتضیٰؑ یا فاطمہؓ

خانہ زادِ دائمی بسمل ہے موروثی غلام
اُس کی جنت ہے تمہارے زیرِ پا یا فاطمہؓ

منقبت حضرت سیدنا امام حسنؓ

بہارِ باغِ رسالت مآبؑ امام حسنؓ   متاعِ فاطمہ و بوترابؑ امام حسنؓ

سبھی کو تم نے دیا بے حساب امام حسنؓ   نہیں سخا میں تمہارا جواب امام حسنؓ

اگرچہ حق سے لیے اپنے دست کش لیکن   نگاہِ حق میں رہے کامیاب امام حسنؓ

یہ واقعہ ہے کہ تاریخ میں نہیں ملتا   تمہاری وسعتِ دل کا جواب امام حسنؓ

رسول کی کوئی تصویر کھینچ نہیں سکتی   جبھی ہیں عکسِ رسالت مآبؑ امام حسنؓ

نبیؑ کے گھر میں ہوئی ان سے شکل جب پہلے   نبیؑ کی آل میں ہیں آفتابؑ امام حسنؓ

تمہاری یاد سے دل میں تو شکل آ کے نہیں   ہوئے ہیں قلب و نظر کامیاب امام حسنؓ

کبھی تو فتحِ خیبر کا ہے جلال ان میں   کبھی جمالِ رسالت مآبؑ امام حسنؓ

وہی کیا جو ہوا تھا حدیبیہ میں کبھی   مری سیرتِ نبویؐ کا جواب امام حسنؓ

مفادِ ذات کو چھوڑ دی مغادِ حق کیلئے   بہت ہی سخت ہے یہ انتخاب امام حسنؓ

یہ وصفِ خاص ملا ہے رسولؐ سے بسملؔ

ہیں عکسِ خلقِ رسالت مآبؑ امام حسنؓ

آواز کے بوسے

سلام و منقبت حضرت سیدنا امام حسین رضی اللہ عنہ

وقارِ ملت پہ بیضا جو ایک ذات سے ہے
وہ شاہِ کرب و بلا مجموعہ الصفات سے ہے

عیاں جو نورِ حسین آج ششِ جہات سے ہے
ثبوت اس کا خود آیاتِ بینات سے ہے

حسین ابنِ علی کی شہادتِ عظمیٰ
رسولِ پاک کی تکمیلِ معجزات سے ہے

یہ سانحہ کوئی چودہ صدی کی بات نہیں
غمِ حسین تو آغازِ کائنات سے ہے

ہدایت کی ادا مردِ حُر سے ہے باقی
وفا کی آبرو اُس صاحبِ فرات سے ہے

وہ ہم شبیہ نبی اُن میں آ گیا تنہا
ادائے مصطفوی جھلکی بات بات سے ہے

یہ حق کی بات ہے امت کی بیٹیاں سن لیں
حیا کی آبرو زینب کی باقیات سے ہے

حسینیت کی ضرورت ہے ہر زمانے کو
حسین تیرا عمل آج لازمات سے ہے

حسین ہے یہ تیرے پاک خون کا صدقہ
حیاتِ دینِ محمد جو اس ثبات سے ہے

حسین کی شب عاشور تیرا کیا کہنا
کہ تیرا ربط تو معراج ہی کی رات سے ہے

میرے حسین تیرے خانہ زادِ بسمل کی
گذر بسر تیرے صدقے تری زکات سے ہے

آواز کے بوسے

جن کو ملا ہے دامنِ سلطان کربلا ۔۔۔ اُن کو ملی ہے دولتِ عرفان کربلا

عظمت یہ کربلا کی ہے یہ شانِ کربلا ۔۔۔ سلطان بحر و بر کے ہیں سلطان کربلا

ہو کر شہید امتِ عاصی کے واسطے ۔۔۔ جاری کیا کیا حسین نے فیضان کربلا

سرور کے میزبانوں کا اسلام دیکھیے ۔۔۔ سب تشنہ لب شہید میں مہمان کربلا

حر تھے حبیب بن مظاہر تھے جتنی ہیں ۔۔۔ دینے میں اپنی متاع بہ فدا یاں کربلا

ویسے تو بے وفاؤں کی کوئی کمی نہ تھی ۔۔۔ عباس کی وفا سے بڑھی شانِ کربلا

حلقوم میں سے تیر تبسم نبوں یہ ہے ۔۔۔ معصوم کا عجیب ہے عرفان کربلا

دیکھو بہارِ خونِ شہیداں کا یہ کمال ۔۔۔ ہیں گل بدوش خارِ مغیلان کربلا

ظلمتِ یزیدیت کی مٹانے کے واسطے ۔۔۔ روشن ہوئی ہے شمعِ شبستان کربلا

لاکھوں درود تم پہ رفیقانِ اہل بیت ۔۔۔ لاکھوں سلام تم پہ شہیدانِ کربلا

تیرِ غم حسینؑ ہے بسمل جوارِ یار

سینہ میں بن گیا ہے وہ میزانِ کربلا

آواز کے بوسے

جمالِ مصطفیٰؐ دیکھو جلالِ مرتضیٰؑ دیکھو   حسینؓ ابنِ علیؑ کے رُخ میں دونوں کی ضیا دیکھو

اُدھر لشکرِ امیرِ شام کا مدِّ مقابل ہے   اِدھر تنہا کھڑا ہے پیکرِ صبر و رضا دیکھو

پھر ایسا سانحہ تاریخ دہرا ہی نہیں سکتی   جبین دہر پہ ہے صاف لفظوں میں لکھا دیکھو

وفاداری یہ شرطِ استواری مین ایماں ہے   وفائے مستقل عباسؓ کی اہلِ وفا دیکھو

دکھائے مصطفائی شان پھر اک بار دنیا کو   ہوا ہے جلوہ فرما ہم شبیہہ مصطفیٰ دیکھو

بس اک حشمِ کرم نے حُرّ کی قسمت ہی بدل ڈالی   ملا ہے جانثاری کا انہیں کیسا صلہ دیکھو

بہتر یہ نفوسِ قدسیہ ہر دورِ ظلمت میں   صداقت کا مذا کا لک نور کا ہیں آئینہ دیکھو

ہو کیسی ہی رونق دنیا کی اور کیسا ہی وقت آئے   نہ چھوٹے دستِ دل سے دامنِ آلِ عبا دیکھو

خدا کے راستے میں گھر سا گھر اپنا لُٹایا ہے   رسول اللہ کے نورِ نظر کا حوصلہ دیکھو

جلی حرفوں سے آس پر آیتِ تطہیر لکھی ہے   محبوبِ دیدۂ باطل سے زینب کی ردا دیکھو

کٹنا سر پڑا اس راہ میں شبیرؑ تک کو بھی

کٹھن ہوتی ہے سبیل کس قدر راہِ خدا دیکھو

آوازِ کے بوسے

دیں زندہ ہوا ہے تری تسلیمِ رضا سے
حیدر کے جگر گوشہ محمد کے نواسے

جس خون سے سرسبز ہے اسلام کا گلشن
صد حیف کہ اعدا تھے اُنہی خون کے پیاسے

جیسے کہ چلے آئے ہوں خود سرورِ عالم
دھوکا یہ ہوا چہرہ اکبر کی ضیا سے

رونق ہی نئی آگئی دنیائے وفا میں
عباسؑ علمدار تیری شانِ وفا سے

امّہ حنی آیتِ تطہیر کی تفسیر
معلوم ہوئی حضرتِ زینبؑ کی ردا سے

اس طرح سنور جاتا ہے اک پل میں مقدر
حرمِ صاحبِ قسمت مہوے سرور کی ولا سے

یہ دیکھ کے خود سرد ہوئی نارِ جہنم
اے شمر لعیں تیری شقاوت سے جفا سے

ہر نقش صداقت کا ابھرتا ہی رہے گا
خود حضرتِ شبیرؑ کے نقشِ کفِ پا سے

بس آئے ہیں ہر اک حال میں ہم اُنکے ہی سائل

اک اُن کی عطا ہی سے توقع ہیں یہ کیا سے

آواز کے بوسے

لے کر علیؑ سے دولتِ عرفان کربلا
کہتا ہوں میں سلام بہ عنوانِ کربلا

تپتی ہوئی وہ ریت وہ میدانِ کربلا
اور اُس میں امتحانِ غریبانِ کربلا

چودہ صدی سے ختم ضیافت نہ ہوسکی
ہے کربلا میں آج بھی مہمانِ کربلا

اشکِ عزا ویں ہوگئے شامل جو اشکِ خوں
دامن یہ کھل گیا ہے گلستانِ کربلا

اے نائبِ رسولِ نبیوں کے جیسا کام
حتیٰ نے لیا ہے تم سے بہ میدانِ کربلا

اس واسطے کہ اس میں ہے آلِ نبی کا خوں
مٹی میں کربلا کی ہے عرفانِ کربلا

عباسؓ جس کا نام ہے حیدرؑ رنا ہے جو
دہ آ رہا ہے شیرِ نیستانِ کربلا

دا اللہ نِہنا مُنّا محب ہر وہی تو ہے
جو کربلا کی ریت میں ہے جانِ کربلا

سونپا تھا کچھ یزید نے لیکن ہوا کچھ اور
شبیرؓ نے بدل دیا عنوانِ کربلا

شبیرؓ جب پکاریں گے ناآ کو حشر میں
مل جائے گا مدینہ سے دامانِ کربلا

دامانِ مصطفیٰ سے جو رہنا ہے منسلک
بسلسل بگیر دامنِ سلطانِ کربلا

آواز کے بوسے

بقائے حق کی خاطر اپنے گھر کے نام کی خاطر
حسین ابن علیؓ نے جان دی اسلام کی خاطر

وہ حق سے کیوں گریزاں ہوں میرِ شام کی خاطر
جنہیں منظور ہو ہر دم سنتِ اکرام کی خاطر

یہ مقصد تھا تمیزِ حق و باطل ہم کو ہو جائے
شہادت پائی ہے اُمت کے نیک انجام کی خاطر

حُرِ غازی نے قرباں کی متاعِ زندگی اپنی
رسولؐ اللہ کے دربار سے انعام کی خاطر

علی اکبر علی اصغر علی عباسؓ کو دیکھو
جو کام آئے ہیں صرف اللہ کے پیغام کی خاطر

ہے ایسی کوئی مشکل جو آساں ہو نہیں سکتی
علیِ شیرِ خدا مشکل کشا کے نام کی خاطر

صدا دینا اُنہیں مشکل میں ہے یہ کام بسمل کا
کرم اُن کا جو آئی بندۂ بے دام کی خاطر

آواز کے بوسے

یا امام الہدیٰ یا شہِ دوسرا ہم کو دنیا کی راحت نہیں چاہئیے

تھا بہتر میں سب کی زباں پر یہ وا پسی وا پسی کی اجازت نہیں چاہئیے

جن کی صورت پہ قربان ہیں دو جہاں جن کی سیرت کے قائل میں کون کیا کیا

جن کی رفعت پہ حیراں ہے خود آسماں اُن کو اب کوئی رفعت نہیں چاہئیے

مظہرِ کبریا پرتوِ مصطفیٰ نورِ چشمِ بتولؑ دلِ عشقِ مرتضیٰ

اس پہ خود بھی ہوں سردار کل اولیاءؑ تم کو دنیا کی عظمت نہیں چاہئیے

ناطقِ حق پہ بھی جن کی یہ تقریر ہے جن کے اوصاف کی خود یہ تفسیر ہے

جن کا قرآں میں اظہارِ تطہیر ہے اُس سے بڑھ کر وضاحت نہیں چاہئیے

اک طرف دامنِ پاکِ آلِ عباؑ اک طرف ہے یہ دنیا کی زنگیں قبا

الہٰ الحق کا یہ ہے حشر تک فیصلہ ہم کو باطل کی زینت نہیں چاہئیے

آئے اکبرؑ تو اکھڑے یزیدی قدم بولے سالارِ حسینی یہی ایک دم

جبکہ عباسؑ کے ہاتھ میں ہے علم پھر کسی کی شجاعت نہیں چاہئیے

◯

آوازِ کے بوسے

دیکھتے ہیں بدعہد آج اہلِ نظر پھر نظر آ رہا ہے یزیدی اثر

کیا زمانے کی تعمیرِ نو کے لیے جوشِ خوں شہادت نہیں چاہیے

مصطفیٰ کی محبت علیؑ کی دِلا اور تقاضہ محبت کا اس سے سوا

جان و دل کیوں نہ کر دیں ہم اُن پہ فدا استخارہ کی حاجت نہیں چاہیے

کربلا نور و ظلمت کا اک فیصلہ برقِ ایمن جو چمکی احبا لاہوا

نقشِ پا مل گئے تو یہ دل نے کہا نور والوں کو ظلمت نہیں چاہیے

آپ پر صدقہ ہونے کا ارمان ہے آرزو ہی نہیں بلکہ ایمان ہے

آپ پر جان سو بار قربان ہے اور کسی کی بھی قیمت نہیں چاہیے

ہاتھ میں ہے مرے دامنِ مرتضیٰ مجھ کو حاصل ہوئی رحمتِ مصطفیٰ

میں ازل ہی سے بسمل ہوں شبیرؑ کا اب کسی کی عنایت نہیں چاہیے

آواز کے بوسے

تدبیر پر نظر ہے نہ تقدیر پر نظر　　شبیر کے کرم سے ہے شبیر پر نظر

شبیر کے مقام کو وہ کیا سمجھ سکیں　　جن کی نہیں ہے آیت تطہیر پر نظر

بے شک حسینؑ بولتا قرآں دکھائی دیں　　قرآن پاک کی ہو جو تفسیر پر نظر

اکبر کو اس نگاہ سے دیکھا ہر ایک نے　　جیسے کہ مصطفیٰ کی ہو تصویر پر نظر

منظور تھی حسینؑ کو ہر دم رضائے دوست　　ہر دقت تھی نوشتہ تقدیر پر نظر

قدموں میں کھنچ کے آتے ہیں جلوہ دفعات　　رکھتے کبھی حضور جو تدبیر پر نظر

عابد کو صرف ہے رو تسلیم کا خیال　　مطلق نہیں ہے پاؤں کی زنجیر پر نظر

پھرتی ہے ضرب فاتح خیبر نگاہ میں　　پڑتی ہے جب حسینؑ کی شمشیر پر نظر

جس کی ہر اک نگاہ مشیت شناس ہو　　رکھتا وہ خر طلا کی کہاں تیر پر نظر

ہر ذرہ ہے تجلّی مطلق لئے ہوئے　　ہے خاک کربلا تری تنویر پر نظر

بسملؔ جو میں ہوں خواب میں پائے حسینؑ پر　　شام و سحر ہے خواب کی تعبیر پر نظر

اے آواز کے بوسے

آپ پر قرباں ہے صبر و ضبط کی منزل حسینؑ ۔۔۔ ہو گئی ہے خود مشیت آپ کی قائل حسینؑ

ہیں جمالی اور جلالی شان میں کامل حسینؑ ۔۔۔ مصطفیٰ و مرتضیٰ دونوں کا ہیں حاصل حسینؑ

مانع ان بزمِ مدحت کیوں نہ ہوں کامل حسینؑ ۔۔۔ در حقیقت آپ جب ہوں صاحبِ محفل حسینؑ

سر پہ تاجِ عظمتِ انسانیت پہنے ہوئے ۔۔۔ عرصۂ محشر میں ہوں گے دیکھنے کے قابل حسینؑ

جتنے محبوبین کا قرآن میں ہے تذکرہ ۔۔۔ یہ خدا ہی جانتا ہے کس میں ہیں شامل حسینؑ

سارا اکنبہ لٹ گیا اور لب پہ اف تک بھی نہیں ۔۔۔ آپ ہی کا حوصلہ ہے آپ ہی کا دل حسینؑ

جس سے ٹکرا کر ہوئی باطل کی کشتی پاش پاش ۔۔۔ آپ دریائے صداقت کا ہیں وہ ساحل حسینؑ

خواجۂ اعظم کے لفظوں میں بنکے لا الہ ۔۔۔ حشر تک اب یہ لقب ہے آپ کے قابل حسینؑ

یا علی کہہ کر کبھی اور یا نبی کہہ کر کبھی

آپ کے قدموں پہ یہ بسمل ہو گیا بسمل حسینؑ

آواز کے بوسے

سلیقہ چاہیے اے دلِ غمِ سبطِ پیمبر کا
کسی کو ہے یہ غم مرہم کسی کے حق میں ہے چرکا

اسی کو تشنہ لب رکھا ہے تم نے کربلا والو
کہ نانا جس کا ہے روزِ جزا مختارِ کوثر کا

ہیں یہ بھی آیتِ تطہیر کے الفاظ کا معنیٰ
محافظ ہے خدائے پاک خود زینب کی چادر کا

زمینِ کربلا میں حرم بھی ہیں اور رحم ملا بھی ہے
صلہ ہر ایک نے پایا یہاں اپنے مقدر کا

چلے ہیں رزم گاہِ کربلا میں جس طرف سردار
بپا تھا شور ہر سو نعرۂ اللہ اکبر کا

محمدؐ کے یہی دو ۔ نصفِ اول نصفِ آخر ہیں
کوئی ثانی نہ پیدا ہو سکا شبیر و شبر کا

چلے آئے میوں میداں میں نبیؐ جیسے جواں ہو کر
یہ عالم کربلا میں تھا علی اکبر کے تیور کا

طہارت کا وسیلہ اس کو سمجھیں خود ملائک بھی
ملے آبِ رضواں کو جو اہلِ بیتِ اطہر کا

چلے ہیں تیغ لہراتے موے یہ جیب سوے دریا
نہ تھا مدِ مقابل کوئی عباس دلاور کا

رہِ تسلیم میں شبیر یہ بھی سمہہ گئے آخر
بڑھاپا اور پھر داغِ جدائی وہ بھی اکبر کا

تصورِ دین کو غربت کا آ سکتا نہیں بسمل
لگا ہے کربلا میں اس پہ سرمایہ بہشتر کا

آواز کے بوسے

زمین کربلا میں ہر مصیبت ختم تم پہ ہے
حسین ابنِ علی جبرِ مشیت ختم تم پہ ہے

سرِ اقدس سے نیزہ پر زباں پر آیتیں جاری
کلام اللہ کی الٰہی تلاوت ختم تم پہ ہے

جوانی مصطفیٰ کی یاد آئی ہے علی اکبر
رسول پاک سے اتنی شباہت ختم تم پہ ہے

نصیب اے حُرّ تمہارا جاگ اٹھا کس موڑ پر اکبر
یہ فیضِ حق شناسی یہ مودّت ختم تم پہ ہے

امیرِ شام کے دربار میں حق گوئی اے زینب
علی شأن میں یہ شانِ خطابت ختم تم پہ ہے

وفاداری کا ہر معیار تم نے ختم کر ڈالا
علمدارِ حسینی یہ رفاقت ختم تم پہ ہے

رہِ حق میں بہر قیمت لگا دی جان کی بازی
نبی کے نصفِ تن یہ استقامت ختم تم پہ ہے

پرستارانِ حق باطل کے آگے جھک نہیں سکتے
خدا کے دین بر حق کی یہ حجت ختم تم پہ ہے

حسین اللہ اکبر زیرِ خنجر تم ہو مسجد میں
شرف یہ بندگی کا یہ عبادت ختم تم پہ ہے

ذبیح اللہ نے دروازہ کھولا تھا شہادت کا
مگر شبیر وہ شانِ شہادت ختم تم پہ ہے

بلا تخصیصِ مذہب ہیں تمہارے غم میں سب بسمل
دلِ عالم پہ یہ یہ طرزِ حکومت ختم تم پہ ہے

آواز کے بوسے

بیٹے جو آنکھ سے پردے تو میں نے دیکھا ہے
حسینؓ مرکزِ کعبہ ہے اور مدینہ ہے

عجیب جبر ہے وہ تین دن سے پیاسا ہے
کہ جس کے واسطے کوثر کا ہر پیالہ ہے

حسینیت میں بقا ہے یزیدیت میں فنا
ازل سے حق کے یہ دستور کا تقاضہ ہے

کرم تمہارا تو حُرّ تک نہیں فقط موقوف
تم اُسکو تھامے ہوئے جس نے تمہیں پکارا ہے

خدا کی راہ میں شبیرؓ کی یہ قربانی
خدا کی راہ میں جینے کا اک طریقہ ہے

جبھی تو جبرِ مشیت نے چن لیا اُن کو
حسینؓ دستِ مشیت کا استفادہ ہے

حسینؓ سرِ شہادت نے حق تعالیٰ سے
بنائے شاہِ شہیداں تمہیں کو مانگا ہے

ہر ایک ظلم رسیدہ کی آرزو تم ہو
وہ مرتے مرتے بھی تم کو سلام کہتا ہے

حسینؓ پیاس بجھا دو اب اپنے بسمل کی
تمہارے شربتِ دیدار کا وہ پیاسا ہے

آواز کے بوسے

خدا کے فضل سے عزم و عمل کا پتلا ہے
حسینیت کی یہ تشریح کا خلاصہ ہے

پھر اسکی عظمت و حرمت کا پوچھنا کیا ہے
رضائے حق جو ہے بندہ کا وہ ارادہ ہے

کبھی حسینؓ کو دیکھے گا تو نہ دیکھا ہے
یزیدیت تری آنکھوں پہ اب بھی پردہ ہے

زمانہ بھیجے درود و سلام تجھ پہ مدام
حسینؓ تیرے عمل کا یہی تقاضہ ہے

حسینؓ را کب دوشِ پیمبر خاتم
کہ جس کی خاکِ کفِ پا بھی کوہ طُر مہ ہے

بھلا سکے گی نہ تاریخِ دینِ حق تم کو
کہ تم نے گرتے ہوئے دین کو سنبھالا ہے

مقامِ بندگی مصطفیٰؐ کے ہو وارث
یہ صرف حق کا نہیں خود تمہارا منشا ہے

حرم کے واسطے عباسؓ میں نہ اکبر ہیں
حسینؓ ابن علیؓ آخری سہارا ہے

تڑپ رہا ہوں جو ذکرِ حسینؓ پر بسملؔ
حقیقتاً یہ تصدق حسینؓ ہی کا ہے

آواز کے بوسے

تری رحمتِ الٰہی اب کے اس انداز سے برسے
وفورِ شوق میں کر لوں وضو تسنیم و کوثر سے

دہی کچھ موسیٰ کے واقف مقامِ ابنِ حیدر سے
جو ہیں مربوطِ طٰہٰ حق سے اور البتہ پیمبر سے

یہی کہتا ہے ہر آنسو ٹپک کر دیدۂ تر سے
تمہارا نام لیوا اور تمہاری دید کو ترسے

کچھ اس انداز سے اُن ظالموں نے ظلم ڈھایا
زمین کربلا فریاد کن ہے شاہِ محشر سے

طہارت اس کا حصہ ہے تقدس اس کا ورثہ ہے
صدا آتی ہے رہ رہ کے یہ زینب کی چادر سے

ہے جیسے دل کی ہر جنبش بقائے دل سے وابستہ
وفا ہے اس طرح مربوطِ عباس دلاور سے

علی اکبر کو دیکھو اور رسولؐ اللہ کو دیکھو
سلوکِ نار و آتم نے کیا کسی حُسن پیکر سے

خدا کے عدل سے کوئی بھی ظالم بچ نہیں سکتا
پکارے گا لہو مظلوم کا دیوار سے در سے

علمدارِ حسینؑ ابنِ علیؑ یوں نہر سے لوٹا
علی لوٹے ہیں جیسے لیکے نصرت رزمِ خیبر سے

مزا آ جائیگا میری جبیں کو سجدہ ریزی کا
ملے جو نقش پا شبیرؑ کا مجھ کو مقدر سے

ازل سے یہ مرے آقا ہیں اور میں اُنکا تسلسل ہوں
شرف رکھتا ہوں نسبت کا درِ شبیرؑ و شبرؑ سے

آواز کے بوسے

ہیں کون جلوہ گہر یہ کسی کو خبر نہیں
ہیں سامنے حسینؑ مجالِ نظر نہیں

جن کو غمِ حسینؑ کی کوئی خبر نہیں
ان کے نصیب ہی میں غمِ غم معتبر نہیں

کیا جانیں پھر وہ آلِ نبیؐ کے مقام کو
جن کی نگاہ آیتِ تطہیر پہ نہیں

جس راہِ بندگی کے ہیں شبیرؑ رہنما
اس راہ میں ہر ایک بشر کا گذر نہیں

ہر دور کے یزید نے کوشش تو کی مگر
جو مٹ سکے کبھی وہ حسینؑی اثر نہیں

عباسؓ لے کے مشک چلے یوں سوئے حرم
جیسے کہ بازوؤں کی انہیں کچھ خبر نہیں

ہم شکلِ مصطفیٰؐ پہ کیا تم نے وہ ستم
مطلق نبیؐ یہ آج تمہاری نظر نہیں

اتنی طویل ہے یہ شہادت کی داستاں
صدیاں گذر گئیں ہیں مگر مختصر نہیں

اشکِ عزا ہیں دامنِ بسمل میں بے شمار
روزِ حساب کا اسے خوف و خطر نہیں

آواز کے بوسے

دیکھ کر تیرا یہ جوشِ استقامت اے حسینؑ
ہو گئی دامن سے وابستہ شہادت اے حسینؑ

کس قدر مشکل تھا یہ اجرِ رسالت اے حسینؑ
تو نے آسانی سے کی تکمیلِ حجت اے حسینؑ

ہو چکی تھی ختم نانا پر رسالت اے حسینؑ
ورنہ زیبا تھا تمہیں تاجِ نبوت اے حسینؑ

حشر تک ورنہ یزیدیت نہ ہوتی بے نقاب
پردہ درِ اس کی ہوئی تیری شہادت اے حسینؑ

بن گیا تو بھی سراجِ نور عالم کے لیے
تو نے روشن کی ہے شمعِ امامت اے حسینؑ

جس نے بھی اکبر کو دیکھا مصطفیٰؐ یاد آ گئے
کتنی ہے مصحف سے مشتی کی شباہت اے حسینؑ

بن گئی ہے جب سے تیری یاد جزوِ زندگی
زندگی کی بڑھ گئی ہے قدر و قیمت اے حسینؑ

تم نے رکھ لی حشر تک انسانیت کی آبرو
تم پہ ہو جانا فدا ہے عینِ فطرت اے حسینؑ

یوں ہوا محسوس جیسے کربلا میں ہر حسینؑ
تو نے جب تاشم کو دی رن کی اجازت اے حسینؑ

بندگی پر تیری نازاں ہے مشیتِ اسطرف
اس طرف ملت تیری مرہونِ منت اے حسینؑ

دامنِ سائل میں جز اشکِ عزا کچھ بھی نہیں
اس کا سرمایہ ہے بسمل تیری محبت اے حسینؑ

آواز کے بوسے

ہر نفس ہوتا ہے پھر احساسِ قربت اے حسینؑ   رنگ پر آتا ہے جب رنگِ مودّت اے حسینؑ

دیدنی ہے اللہ اللہ حُرؒ کی قسمت اے حسینؑ   یوں ہوئی ہے اسکو حاصل تیری قربت اے حسینؑ

تم سے ملحق ہے شریعت اور طریقت اے حسینؑ   تم پہ مرتے ہیں فدا سب اہلِ نسبت اے حسینؑ

السلام اے معدنِ کانِ امامت السلام   السلام اے قبلہ گاہِ اہلِ نسبت اے حسینؑ

السلام اے واقفِ رازِ مشیّت السلام   السلام اے مظہرِ نورِ نبوت اے حسینؑ

انبیاء کا کام حق نے تجھ سے آخر لے لیا   تو مجسم بن گیا اجرِ رسالت اے حسینؑ

عارضی دنیا میں ہے گو اعتبارِ رنگ و بو   غیر فانی ہے مگر تیری محبت اے حسینؑ

مصطفیٰ و مرتضیٰ کا رابطہ یاد آنے لگا   دیکھ کر عباسؑ کی شانِ رفاقت اے حسینؑ

اصغرؑ بے شیر کی بھی پیاس کو دکھلا دیا   تو نے باقی ہی نہ رکھی کوئی حجت اے حسینؑ

عابدِ بیمار سجّادؑ دو عالم بن گئے   تھی جو نظر دل میں تیرے سجدہ کی عظمت اے حسینؑ

فکرِ دنیا خوفِ عقبیٰ سے ہے بسملؔ بے نیاز

اسکو کیا غم ہے تیری نسبت سلامت اے حسینؑ

آوازِ کے بوسے

کچھ کسی در سے اُسے حاصل نہیں   جو درِ شبیرؓ کا سائل نہیں

سیرتِ پاکِ حسین ابن علی   بحر ہے جس کا کوئی ساحل نہیں

جان دینا اے مشیت آشنا   سب کو مشکل ہے تمہیں مشکل نہیں

غمِ عباسؓ دلاور کے لیے   کوئی شے بھی مانع سائل نہیں

صورتِ اکبرؓ کو دیکھو غور سے   مصطفیٰ اِس رُخ میں کیا شامل نہیں

خانوادہ لُٹ گیا پروا نہ کی   ہے دلِ شبیرؓ سب کا دل نہیں

چادرِ زینبؓ سے بڑھ کے کوئی شے   آیتِ تطہیر کی حامل نہیں

اللہ اللہ ان بہتر کا مقام   یہ ہر اک انسان کی منزل نہیں

فرق ہے لبسِ حق و باطل میں یہ   جس جگہ حق آگیا باطل نہیں

مشکلیں اتنی اُٹھائیں آپ نے   عاصیوں کو اب کوئی مشکل نہیں

ہوں نہ قرباں سُن کے جو نامِ حسینؓ

اور ہو سکتا ہے وہ مسلم نہیں

آواز کے بوسے

یہ مرا احساسِ غم تردامنی تم پہ نثار   تم نے بخشا جو شعورِ زندگی تم پہ نثار

سارے غم تم پہ نثار اور ہر خوشی تم پہ نثار   اک اشارہ ہو تو کر دوں زندگی بھی تم پہ نثار

خواجگانِ چشت اور سارے ولی تم پہ نثار   نقشبندی شاذلی و قلادری تم پہ نثار

تم نے جینے کا سکھایا ہے سلیقہ یا حسینؑ   کیوں نہ کر دوں اپنی ساری زندگی تم پہ نثار

تیر کھا کر مسکرانا سب سے ممکن ہے کہاں   اصغرِ بے شیر یہ ہے مراد انکی تم پہ نثار

تم نے اس انداز سے کی فتح دریائے فرات   حضرتِ عباسؑ اک اک موج تھی تم پہ نثار

یا شہنشاہِ شہیداں یا حسینؑ ابنِ علی   میرے بچے میرے ماں باپ بھی تم پہ نثار

حتیٰ تو یہ ہے کہ بلا میں ایک سجدہ کے عوض   دونوں عالم کی ہے شان بندگی تم پہ نثار

ذہنِ انساں کو دہاں پہ پہنچا دیا تم نے حسینؑ   ہے بلندی آج بھی افکار کی تم پہ نثار

دین کو بخشی ہے تم نے تا قیامت زندگی   تا ابد مرا اہلِ دیں کی زندگی تم پہ نثار

گر کے قدموں میں تمہارے وہ بھی بسمل ہو گئے

تعالب گر پہ یہی یا سیّدی تم پہ نثار

آواز کے بوسے

اصغرؔ کا خون بدلے جو رنگت نئی نئی   کربل میں اٹھے روزِ قیامت نئی نئی

پھیلی جو روشنیٔ شہادت نئی نئی   ہر معتقد نے پائی عقیدت نئی نئی

حرؔ آکے شاہِ دیں پہ جو قرباں ہوگئے   پیدا ہوئی تھی الفتِ حضرت نئی نئی

میدانِ کارزار میں عباسؑ نامدار   دکھلا رہے ہیں شانِ شجاعت نئی نئی

آنے کو ان میں ہے گلِ شاداب مصطفیٰ   آنے لگی ہے ربت سے نکہت نئی نئی

تیرے فدائیوں کو تری دھن میں یا حسینؑ   اک اک قدم پہ ملتی ہے نصرت نئی نئی

پاتا ہے حق تعالیٰ سے کربل کا یہ شہید   ہر سال اپنے خون کی قیمت نئی نئی

کہ مدحتِ حسینؑ ہے جب تک بدن میں جاں   حاصل ہو تجھ کو تاکہ سعادت نئی نئی

قدرت کھلا رہی ہے شگوفے نئے نئے   ہر دن غمِ عشقی میں ہے نذرت نئی نئی

بسملؔ تصوراتِ شہیدانِ کربلا

کرتے ہیں آ کے قلب کی زینت نئی نئی

آواز کے بوسے

مسکرا دو نظر سے لیتے رہو آکار ہی نئی
مدح حسینؑ میں کر دو جدّت نئی نئی

چودہ صدی کے بعد بھی اے دشتِ کربلا
تجھ میں حسینیت کی ہے اک دلکشی نئی

ہر دور میں حسینؑ ہی مینارۂ نور ہیں
ہر دور کو یہ روشنی ملتی رہی نئی

تھی اُن میں جب بہارِ شہادت کے باغ پر
اصغرؑ کے مسکرانے کی اُبھری کلی نئی

جلتے ہیں جو چراغ شہیدوں کے خون سے
ہر شب میں دیتے رہتے ہیں وہ روشنی نئی

اشکِ غمِ حسینؑ کو لعل و گوہر بناو
آنکھوں کو روز دیتے رہو تم نمی نئی

آتا ہے جب بھی اصغرؑ بے شیر کا خیال
اُٹھتی ہے میرے قلب میں اک ٹیوک سی نئی

یادِ حسینؑ روز نیا روپ لیتی ہے
پائی غمِ حسینؑ میں دل ارِفتگی نئی

بسمل ہوے جو قلبِ نظر غم میں شعاؤں کے
مجھ کو ہر اک تڑپ میں ملی زندگی نئی

آواز کے بوسے

اتنا ہو کرم مجھ پہ تیرا کم سے کم حسین
پیوست میرے دل میں رہے تیرا غم حسین

ہرگز نہ مٹ سکے گا کبھی تیرا غم حسین
چودہ صدی کے بعد بھی چشم نم حسین

عشاقِ اہلِ بیت کے حق میں یہ کربلا
نسبت سے تیری بن گئی دارالکرم حسین

قربانی گر نہ ہوتی بہشتِ نفوس کی
صدق و یقیں و دین نہ ہوتے نہ ہم حسین

جی کو تمہارے دم کی غلامی نہ راس آئے
وہ اور ہوں گے بندہ دام و درم حسین

آنسو ادب سے لیتا ہوں دامن میں اسلئے
تو محترم ہے غم بھی تیرا محترم حسین

اشکِ رواں کے ساتھ قلم سجدہ ریز تھا
جب بھی ہوا ہے نام تمہارا رقم حسین

اسلام اور چیزے ہے ایمان اور چیز
کشتوں کا کرم بلا میں کھلا یہ بھرم حسین

صورت بھی ہو بہ موجودی سیرت بھی ہے ہوئی
اس طرح ہو گئے ہیں مقصدیں ضم حسین

جس کا بنی نے آپ کو وارث بنا دیا
ہیں آپ ایک ایسی متاعِ حرم حسین

بسمل کے حال پہ بھی کرم کی ہو اک نظر
جز در رسول مظہرِ نورِ قدم حسین

نانا ہے نبیؐ اور پدر شبیرِ خدا ہے — اس شان کا بندہ کوئی یوگانہ ہوا ہے

عرفانِ مشیت تجھے ورثے میں ملا ہے — ہر عزم ترا تابعِ مشائے خدا ہے

قسمت میں مری آلِ محمدؐ کی ولا ہے — زاہد کے مقدر میں غمِ روزِ جزا ہے

جب حضرتِ شبیرؑ مری کشتی کے نگہباں — ہر موجِ فنا میرے لئے موجِ بقا ہے

ہے شافعِ محشر کا نواسہ مرا آقا — اب پُرسشِ عصیاں کی مجھے فکر ہی کیا ہے

قائم رہے یارب تپشِ الفتِ شبیرؑ — جب تک یہ رگ سلگتی رہے جینے کا مزا ہے

جھکتے ہوئے دیکھا ہے جہاں ہم نے فلک کو — وہ ارض جہاں آپ کا نقشِ کفِ پا ہے

تکمیلِ مشیت کیلئے وقتِ ضرورت — یہ دیکھئے کس کو نگہہِ حق نے چنا ہے

اب تک بھی حسین ابنِ علیؑ ہی کی بدولت — اسلام کی رگ رگ میں لہو دوڑ رہا ہے

ہونے کو تو ہیں اہلِ وفا اور بھی لیکن — عباسؑ کا معیار مگر سب سے جدا ہے

پوچھے کوئی یہ حضرتِ شبیرؑ سے سبل

کس طرح ادا حقِ وفا تم نے کیا ہے

منقبت حضرت سیدنا عباس علمبردارؓ

دل سے پہلے معتقد ہو کر علم بردار کے
دیکھیے لطف و کرم پیہم حیدرِ کرار کے

لا دُعلے حیدر کے ہو سکتے ہیں جس میں معیار کے
تو نے بھی جو مرد کھائے ہیں دعویٰ کردار کے

مرتضیٰ ہی کے گھرانے کو ملا ہے یہ شرف
درس دنیا کو اسی گھر سے ملے ایثار کے

یا الٰہی رزمِ خیبر ہے کہ رزمِ کربلا
ہیں دہی انداز عبائیں علم بردار کے

ہر نظر میں ضربتِ حیدر کا نقشہ پھر گیا
کربلا میں دیکھ کر تیور تری تلوار کے

مرضئ مولا کے آگے کٹ گئے بازو تو کیا
رہ گئے چہرے مگر باقی تری تلوار کے

جانے کیا حالت ہو گر رخ سے اٹھادی تو نقاب
جوشِ اجلی سے اُڑ رہے ہیں طالب دیدار کے

مرآدا سے ہے نمایاں عظمتِ شانِ علی
کیا بیاں ہوں صفت عبائیں علم بردار کے

پھر گئی آنکھوں میں تصویرِ علی مرتضیٰ
دیکھ کر انداز عباسِ علمبردار کے

ہے ملی ہی کے گھرانے کو یہ حاصل امتیاز
راہِ حق میں ہیں یہاں سب ایک ہی معیار کے

احمدِ مختار ہی کے دل سے بسمل پوچھیے
آل پر ان کی جو ہیں احساں علم بردار کے

منقبت حضرت سیدہ زینب

مری زباں پہ جو مدحت ہے آپ کی زینب
یہ ہے غلام پہ احسانِ حیدری زینب

حسین ان کو سمجھتے ہیں ثانیِ زہرا
ہے وہ نمونہ کہ دارِ فاطمی زینب

حسین ابنِ علی زندگی ہیں زینب کی
حسین ابنِ علی کی ہے زندگی زینب

مصائب اور فضائل ہیں دونوں اسکا ثبوت
کہ اپنے وقت کی زہرا ہیں اقصیٰ زینب

بغیر تیغ رہی ہیں شریکِ کارِ حسین
جہادِ صبر کی منزل ہیں آخری زینب

تمہارے خطبہ کا ہر لفظ دے رہا ہے ثبوت
رواں رگوں میں ہے خون میری زینب

خدا کی راہ میں بچوں کو نذر دینے سے
تمہیں نہ روک سکا جوشِ مادری زینب

نگاہِ نیچ بتن پاک چاہیئے اسکو
ترے مقام کو سمجھے گا کیا کوئی زینب

بھلائیں کیسے غلامانِ حیدری یہ سبیل

تمہارے سر پہ جو پا در نہ رہ سکی زینب

آواز کے بوسے

منقبت حضرت سیدنا علی اکبرؓ

اکبرؒ پہ نظر پڑتے ہی بول اُٹھے یہ شبیرؒ
بیٹا ہے مرا یا مرے نانا کی ہے تصویر

ہے آج یہاں سرورِ کونین کی تنویر
پُر نور ہے دولت کدۂ حضرتِ شبیرؒ

اللہ نے کیا چیز عطا کی تمہیں شبیرؒ
محبوب جو اُس کا ہے اُسی کی ہے یہ تصویر

تھی حُسن پہ یوسفؑ کے فدا صرف زلیخا
اللہ فدا جس پہ ہے اُس کی ہے یہ تصویر

ہر شخص کی مشکل ہوئی آساں ترے گھر سے
لے جانِ علیؒ آج دے مری تقدیر

ملتی ہے اُسے تیرے گھرانے کی غلامی
اللہ بناتا ہے جسے صاحبِ تقدیر

حاصل ہے مجھے لذتِ دیدارِ میسّر
ہے میرے تصور میں رُخِ یوسفِ شبیرؒ

ہر خو گرِ تسلیم و رضا اس سے ہے واقف
انسان کے بس میں نہیں انسان کی تقدیر

وہ کام کیا تو نے جواں سال مجاہد
بدلی ہے تیرے خون نے اسلام کی تقدیر

صدیوں کے گذرنے پہ بھی موجود ہے اب تک
اسلام کی رگ رگ میں تیرے خون کی تاثیر

اکبرؒ کا خیال آتے ہی بسملؔ کی زباں سے
بے قصد نکل جاتا ہے اک نعرۂ تکبیر

اواز کے بوسے

منقبت حضرت سیدنا امام زین العابدینؓ

صبر و استقلال کی تصویر زین العابدینؓ
پاؤں میں پہنے ہوئے زنجیر زین العابدینؓ

جانشین حضرتِ شبیرؒ زین العابدینؓ
درِ ثہ دار آیتِ تطہیر زین العابدینؓ

اللہ اللہ رے یہ فیضانِ حسینیؓ کا اثر
ہیں نظر میں صورتِ شبیرؒ زین العابدینؓ

باوجود اس کے کہ امت نے کیا ہے یہ سلوک
کر رہے ہیں قوم کی تعمیر زین العابدینؓ

ان سے ہے دنیا میں ساداتِ حسینیؓ کا وجود
یادگارِ حضرتِ شبیرؒ زین العابدینؓ

ان سے بڑھ کر او ردنیا میں کسی کا غم نہیں
ہیں بہتر غنم کی اک تصویر زین العابدینؓ

سیدِ سجاد پر خود ناز ہے مسجود کو
عابدوں کی بزم میں ہیں میر زین العابدینؓ

ہر قدم پر آپ کے اک منزلِ تسلیم ہے
پاؤں میں ہے آپ کے زنجیر زین العابدینؓ

آپ کے دامن سے وابستہ ہے سبیل آپ کا
یہ بھی ہے موروثی دامن گیر زین العابدینؓ

آواز کے بوسے

سب کو حاصل ہے کہاں عرفانِ زین العابدین   ہم غلاموں ہی سے پوچھو شانِ زین العابدین

یہ اگر چاہیں تو دم بھر میں پلٹ دیں کائنات   کچھ نہیں خارج از امکانِ زین العابدین

اس پہ ہو سکتا نہیں خورشیدِ محشر کا اثر   جس پہ ہو سایہ فگن دامانِ زین العابدین

کاش کام آتی برائے نذر جانِ ناتواں   ہائے یہ بھی تو نہیں شایانِ زین العابدین

رحمتِ حق کھینچ لیتی ہے انھیں اپنی طرف   تھام لیں محشر میں جو دامانِ زین العابدین

اس سے بڑھ کے اور کیا زادِ سفر اب چاہیے   لے چلا دنیا سے مولیٰ رمانِ زین العابدین

خوبی قسمت پہ بسملؔ اپنی کیوں نازاں نہ ہو

یہ بھی ہے وابستہ دامانِ زین العابدین

آوازِ کے بوسے

منقبت حضرت سیدنا خالد ابنِ ولید

نہیں تمہارے دمِ میداں کوئی تم سا حضرتِ خالد ۔ شجاعت کا تمہاری پوچھنا کیا حضرتِ خالد

اسے کیوں کر بھلا سکتی دنیا حضرتِ خالد ۔ جو ہے کہ اسلام پر احسان تمہارا حضرتِ خالد

قدم کفار کے لڑنے سے پہلے لڑکھڑائے ہیں ۔ تمہارا نام جس میداں میں آیا حضرتِ خالد

ہزاروں کے مقابل فتح و نصرت تم نے پائی ہے ۔ کرم اللہ کا تم پر رہا یا حضرتِ خالد

ملے اسلام کو پھر آج بھی اک خالدِ ثانی ۔ جو ہو فیضانِ روحانی تمہارا حضرتِ خالد

شجاعت پر تمہیں اپنی ہو جتنا ناز بھی کم ہے ۔ نبیؐ سے وہ لقب تم کو ملا یا حضرتِ خالد

وہ فیضانِ محمدؐ ہے وہ احسانِ محمدؐ ہے ۔ خدا نے تم کو جو رتبہ دیا یا حضرتِ خالد

کبھی دشمن کی کثرت کا خیال آیا نہیں تم کو ۔ کسی میداں سے رخ تم نے نہ موڑا حضرتِ خالد

تمہارا نام مٹ سکتا نہیں جب تک کہ دنیا ہے ۔ بھلا سکتا نہیں تم کو زمانہ حضرتِ خالد

قبول دین سے انکے دین کو حاصل ہوئی طاقت ۔ حقیقت میں عطیہ ہیں خدا کا حضرتِ خالد

بہت آساں تھا بسمل مردِ غازی کی طرح مرنا

نہ تھیں ناکامیاں تم کو گوارا حضرتِ خالد

منقبت حضرت سیدنا امام جعفر الصادقؓ

پیام حق جو ہے وہ ہے پیام جعفر الصادق
صداقت کا مرقع ہے کلام جعفر الصادق

اسی سے خود سمجھ لیجئے مقام جعفر الصادق
کہ خود شاہوں سے بالا ہے غلام جعفر الصادق

اثر ہے سید سجاد کی تعلیم کا ان میں
جبھی اس درجہ اولیٰ ہے مقام جعفر الصادق

علوم ظاہر و باطن میں یکتائے زمانہ ہیں
نبیؐ کی آل میں ہے یہ مقام جعفر الصادق

نگہبان صداقت کا جہاں پر ذکر آ جائے
زباں پر خود وہاں آ جائے نام جعفر الصادق

یہ حصہ ہے انہیں کا فطرتاً جو ظرف والے ہیں
چھپا سکتا نہیں ہر رند جام جعفر الصادق

غریبوں کی مدد کرنا یتیموں پر کرم کرنا
یہ ہی اوصاف اور دیے ہے مقام جعفر الصادق

صداقت کے لیے مرنا بہت آسان ہے اسکو
جو مرتا ہے حقیقت میں غلام جعفر الصادق

حسنؑ کی طرح ان کو بھی دیا ہے زہر دنیا نے
شہادت میں وہیں پر ہے مقام جعفر الصادق

جو واقف ہیں حقیقت میں محمدؐ کے گھرانے سے
وہی پہچان سکتے ہیں مقام جعفر الصادق

رہی ہے اس قدر احکام قرآں پر نظر بسمل
کہ ہے تفسیر قرآں ہر پیام جعفر الصادق

آواز کے بوسے

تم اس گھر میں ہوئے پیدا امام جعفر صادق
جو مرکز ہے صداقت کا امام جعفر صادق

کوئی صادق نہیں تم سا امام جعفر صادق
تم اس منزل میں ہو تنہا امام جعفر صادق

زمانہ آئے پھر ایسا امام جعفر صادق
نشاں مٹ جائے باطل کا امام جعفر صادق

حفاظت کی ہے تم نے دولتِ حق و صداقت کی
محمد کا ہے یہ ورثہ امام جعفر صادق

ہے اس کا ہر قدم اک مستقل منزل صداقت کی
ملے رہبر جیسے تم سا امام جعفر صادق

نبی اُسکے علی اُسکے اُسکے حسن اُسکے حسین اُسکے
وسیلہ آپ ہوں جبکہ امام جعفر صادق

قیامت تک صداقت کا جہاں بھی تذکرہ ہوگا
تمہارا نام آئے گا امام جعفر صادق

جسے سر چشمہ فیضِ نبی و مرتضیٰ کہیے
اُسی منبع کے تم دریا امام جعفر صادق

زمانہ کہہ اُٹھے اپنوں کی تم یوں لاج رکھتے ہو
کرم ہو جائے کچھ ایسا امام جعفر صادق

تمہاری یاد میں جینا تمہاری یاد میں مرنا
یہی ہے زیست کا منشا امام جعفر صادق

کرے کیا آپ کی مدحت بھلا یہ بسمل عاجز
بڑی بات اور منہ چھوٹا امام جعفر صادق

منقبت حضرت سیدنا امام رضاؑ

نہیں ہے کوئی سہارا امام رضا   ہیں آپ میرے میں ہوں آپ کا امام رضا

اُسے کسی سے ہے کیا واسطہ امام رضا   جو چاہتا ہو تمہاری رضا امام رضا

علیؑ بھی اُسکے ہیں اور مصطفیٰ بھی اُسکے ہیں   جو صدقِ دل سے ہو آپ کا امام رضا

ہر ایک آج یہی آس لے کے آیا ہے   عطا کریں گے طلب سے سوا امام رضا

رہے نہ خوفِ تلاطم نہ خواہشِ ساحل   رہیں جو آپ مرے ناخدا امام رضا

صدا یہ آئی کہ مرسم بے خبر نہیں تجھ سے   لرز کے میں نے پکارا جو یا امام رضا

نگاہِ لطف کی اب خادموں کو حاجت ہے   یہی ہے وقت کا اب اقتضا امام رضا

جدھر میں دیکھوں اُدھر آپ ہی نظر آئیں   نظر ہو مجھ کو اب ایسی عطا امام رضا

امیدوارِ کرم آستاں پہ حاضر ہے   سنیں گے اب بھی نہ فریاد کیا امام رضا

ندا یہ غیب سے آنے لگی ہے اے بسملؔ

کہ سن رہے ہیں تری التجا امام رضا

آواز کے بوسے

منقبت حضرت سیدنا امام اعظمؓ

مدینۃ العلم کا ہیں فیضاں امام اعظم ابو حنیفہؓ
ہیں سارے احناف کی رگِ جاں امام اعظم ابو حنیفہؓ

تمہارے تن میں ہے روحِ قرآں امام اعظم ابو حنیفہؓ
تمہیں نے پھیلایا نورِ عرفاں امام اعظم ابو حنیفہؓ

اساتذہ آپ کے ہیں صحابہ و اہلِ بیتِ اکرم
تلامذہ ہیں امامِ دوراں امام اعظم ابو حنیفہؓ

ہیں دین کے پہلے وہ معتبر کہ جن سے دینِ نبی ہے محکم
فقیہ اعظم و قیع دوراں امام اعظم ابو حنیفہؓ

کیا ہے خونِ جگر سے تم نے نبی کے مذہب کی آبیاری
نبی کا ساتا داب ہے گلستاں امام اعظم ابو حنیفہؓ

قدم قدم پر نبی کی سنت اسی کے دم سے موئی ہے زندہ
موئے بہت کم ہیں تم سے انساں امام اعظم ابو حنیفہؓ

حضور والا نے دی بشارت تمہارے آنے کی تم سے پہلے
ملا ہے حیدر سے تم کو فیضاں امام اعظم ابو حنیفہؓ

انہیں کی ہے شرق میں تجلی انہیں کا ہے غرب میں اجالا
ہیں بدرِ کامل ہیں مہرِ تاباں امام اعظم ابو حنیفہؓ

تو نگر ایسے زمانہ بھر میں کوئی بھی ان سا نہیں تو نگر
فقیر ایسے کہ حق کے مہماں امام اعظم ابو حنیفہؓ

تمہاری حق آگہی مثالی تمہارے فہم و ذکا کا نذرانے
زمانہ خود آج تک ہے حیراں امام اعظم ابو حنیفہؓ

ہے نام لیوا تمہارا بسمل نگاہِ لطف و کرم ہو اس پر
تمہارا تھاما ہوا ہے دامان امام اعظم ابو حنیفہؓ

آوازِ کے بوسے

عمر کا عکس ہے سیرت امامِ اعظم کی — بہت اَتل ہے شریعت امامِ اعظم کی

امام اور ہیں سب یہ امامِ اعظم ہیں — ہے دین میں یہ فضیلت امامِ اعظم کی

امام جعفرِ صادق سے جو تلمذ ہے — نبیؐ سے دُہری ہے نسبت امامِ اعظم کی

بڑی نگاہ جو کعبہ پہ وہ دعا کی ہے — عیاں ہے اس سے فراست امامِ اعظم کی

یہ خود خلیفہ نے محسوس کر لیا آخر — کہ ہے دلوں پہ حکومت امامِ اعظم کی

عصا نبیؐ کا جو دیکھا ہے دستِ صادقؑ میں — ترپ اُٹھی ہے عقیدت امامِ اعظم کی

دکھائی دیتے ہیں اکثر لباس میں پیوند — یہ کس سے مل گئی سیرت امامِ اعظم کی

امام ایک ہیں لاکھوں ہیں ماننے والے — عجب ہے وحدت و کثرت امامِ اعظم کی

بطورِ خاص ”حنفی“ جو لکھتے ہیں بسمل
ہے جزوِ نام یہ نسبت امامِ اعظم کی

آواز کے بوسے

منقبت حضرت سیدنا غوثِ اعظم دستگیر

اُس کو ہر منزلِ عرفاں کا بھی پتہ ملتا ہے
جس کو بھی غوث کا نقشِ کفِ پا ملتا ہے

اُن کی نسبت سے خدا کا بھی پتہ ملتا ہے
غوث کے چاہنے والوں کو خدا ملتا ہے

نا اُمیدی میں کبھی جس نے صدا دی اُن کو
وہ بتا سکتا ہے اُس وقت پہ کیا ملتا ہے

ہیں یہ بے شبہ سخی ابنِ سخی ابنِ سخی
جس کی جتنی ہو طلب اُس سے سوا ملتا ہے

دہر میں قبر میں اور روزِ جزا محشر میں
غوثِ اعظم کی محبت کا صلہ ملتا ہے

آستانِ شہِ بغداد جسے مل جائے
اُس کو فوراً درِ لولاک کی لمعا ملتا ہے

اُن کے سنبل کا بھی پتہ پوچھنے والو سن لو

وہ درِ غوث پہ سر ہر دقت پڑا ملتا ہے

آواز کے بوسے

و با مراد نہیں ہے وہ کامیاب نہیں
کہ جبکو غوثؒ سے ربط اور انتساب نہیں

جمالِ مصطفوی کی جھلک نظر آئی
جمالِ غوثؒ تری شان کا جواب نہیں

مکمل آپ کا عرفان ہو سکے کیوں کر
مکمل آپ کا جلوہ ہی بے نقاب نہیں

رہا ہوں آپ کا دیوانہ تا دمِ آخر
مجھے یقین ہے مٹی مری خراب نہیں

ولائے غوثؒ جو ہر سانس پر اضافہ ہے
یہ جانتا ہوں کہ اس شے پہ احتساب نہیں

وہ اولیا ہوں کہ اقطاب ہوں کہ مجھ جیسے
ہے کون آپ کے درسے جو فیض یاب نہیں

تڑپنے اے دلِ بسمل ہیں غوثؒ بالیس پر
سکوں کا وقت ہے یہ وقتِ اضطراب نہیں

آواز کے بوسے

درسے غوثِ اعظم کے کیا بتاؤں کیا پایا   درد کی دوا پائی دردِ لا دوا پایا

اُن کے درکی چوکھٹ کو منبعِ عطا پایا   آستانِ اقدس کو کعبہ صفا پایا

آئے گھر میں سارق تو بن کے وہ ولی نکلے   حوصلہ بہت کم تھا مال بے بہا پایا

اُن کی دستگیری کا یہ بھی اک کرشمہ ہے   ہر جگہ دہی آئے اُن کو ہر جگہ پایا

دل سے اولیاء نے بھی اُنکی برتری مانی   سب نے غوثِ اعظم کو کعبہ صفا پایا

یہ مقام ہے اُن کا اور یہ بلندی ہے   اولیاء کی گردن کو اُن کے زیرِ پا پایا

اُن کے نام پر جئیں اُن کے نام پر مرنا   اس طرح سے جینے میں زیست کا مزہ پایا

اسکے لطف کے محتاج ہیں وہ جن کے سر پر تاج   جو نہ پا سکا کوئی آپ کا گدا پایا

پیر ہر نفس پہ ہیں ذاتِ حق میں مستغرق   ہم نے عبدِ قادر کو حق سے کب جدا پایا

بختیار اُن کے ہیں شہ چراغ اُن کے ہیں   ہم نے کیسے کیسوں کو اُن کا مبتلا پایا

ہو گیا دہیں بسمل کر لیا وہیں سجدہ
جس جگہ مرے دل نے اُن کا نقش پا پایا

آواز کے بوسے

خدا ہے غوثِ اعظم کا خدائی غوثِ اعظم کی
زمیں سے آسماں تک ہے رسائی غوثِ اعظم کی

ہے جب تک جان تن میں ہے رتن میں طلب ہے جاری
بہت دشوار منزل ہے جدائی غوثِ اعظم کی

اُنہیں کے درپہ شاہانِ زمانہ سر جھکاتے ہیں
جنہیں قسمت سے ملتی ہے گدائی غوثِ اعظم کی

یہ ہیں معشوقِ ربانی یہ ہیں محبوبِ سبحانی
کہ دنیک ولایت ہے خدائی غوثِ اعظم کی

محی الدین سے احیائے دین حق ہوا آخر
جہاں میں جب ہوئی جلوہ نمائی غوثِ اعظم کی

دمِ مشکل ہوا ہے زندگی بھر تجربہ کس کا
ہر اُڑے وقت نسبت کام آئی غوثِ اعظم کی

سبھی اس داریتِ مشکل کشا سے آس لگتے ہیں
سبھی کے حق میں ہے مشکل کشائی غوثِ اعظم کی

جمالِ مصطفیٰ و مرتضیٰ یک جا نظر آیا
تصور نے عجب صورت دکھائی غوثِ اعظم کی

سمٹ آتی ہی نہیں ہے دوسرا اب خانہ دل میں
محبت اس قدر کچھ دل پہ چھائی غوثِ اعظم کی

چلا جب جانبِ بغداد اُن کی آرزو لیکر
خضر نے راہ خود مجھ کو دکھائی غوثِ اعظم کی

ازل میں نعتیں تقسیم جب ہونے لگیں بسمل
تڑپ بن کر محبت دل میں آئی غوثِ اعظم کی

آواز کے بوسے

چارہ سازِ بیکساں پیرانِ پیر ۔ دستگیرِ دو جہاں پیرانِ پیر

آپ کی نسبت سے ہے نام و نمود ۔ در نہ ہم ہیں بے نشاں پیرانِ پیر

ہے نہ غمِ دنیا نہ فکرِ آخرت ۔ آپ ہی ہیں جب درمیاں پیرانِ پیر

عظمتیں دی ہیں خدا نے آپ کو ۔ آپ کے شایانِ شان پیرانِ پیر

رائیگاں ہرگز نہ جائیں گی کبھی ۔ میری سب یہ عرضیاں پیرانِ پیر

عاشقوں کا کعبۂ مقصود ہے ۔ آپ کا بھی آستاں پیرانِ پیر

المدد اے وارثِ حالِ رسول ۔ جل رہا ہے آستیاں پیرانِ پیر

ہے سرا پا آرزو کی ترجماں ۔ میری آنکھوں کی زباں پیرانِ پیر

گردنیں سب نے جھکا دیں اسلیے ۔ تم ہو صدرِ عارفاں پیرانِ پیر

اچھے اچھوں نے کہا ہے آپ کو ۔ بادشاہِ خسرواں پیرانِ پیر

خاک پا کے بھی برابر جب نہیں
ہے کہاں لعلِ بسمل کہاں پیرانِ پیر

آواز کے بوسے

جیتے نہیں نظر دل میں یہ شمس و قمر اپنی
ہے غوث کے جلوں پر جس پر دن میں سے نظر اپنی

عزت ہے یہاں حاصل جنت ہے وہاں حاصل
محکم شہِ جیلاں سے نسبت ہے اگر اپنی

دراصل مشیت کا خود رنج بھی اُد ہم ہو گا
رکھیں گے شہِ جیلاں جس سمت نظر اپنی

ایوانوں کو شاہوں کے مر کے بھی نہ دیکھیں گے
ہو جائے اگر اُن کی جو کھٹ پہ بسر اپنی

وہ سامنے رہوں شب بھر ہم موتے رہی ہدتی
اس رنگ میں ہو جائے اے کاش سحر اپنی

ہے اس کی بقاء اُن کی اک حشم عنایت پر
ہو ورنہ یہ ہستی بھی خود زیر و زبر اپنی

اس دورِ فتن میں بھی فیضان ہے نسبت کا
حالات سے گھبرا کر بدلی نہ ڈگر اپنی

مائل بہ کرم تجھ پر سلطان ہے پیروں کا
بسمل درِ مقصد سے اب جھولی کو بھر اپنی

آواز کے بوسے

مرتضیٰؑ و مصطفیٰؐ کے فیض کا حامل ہیں غوث — اولیاء کے واسطے عرفان کی منزل ہیں غوث

قبلۂ اہلِ صفا ہیں دستگیرِ ہر مقام — معرفت کی محفلوں میں صاحبِ محفل ہیں غوث

رہزنوں سے کاروانِ قادریت بے نیاز — خود ہی جادہ خود ہی رہبر اور خود منزل ہیں غوث

"یا قطب یا غوثِ اعظم یا ولی روشن ضمیر" — اللہ اللہ کس شرف کس شان کے حامل ہیں غوث

"بندہ ام در ماندہ ام جز تو ندارم دستگیر" — دستگیری کے لیے ہر حال میں مائل ہیں غوث

"بر درِ درگاہِ والا سائلم اے آفتاب" — کیسے کیسے لوگ درپہ آپ کے سائل ہیں غوث

"خاطرِ نا شاد را کن شاد یا پیرانِ پیر" — کس قدر قطب دکن کی آرزوئے دل ہیں غوث

ہر طرح کی شورشِ طوفاں سے یہ بے فکر ہیں — نام لیواؤں کے حق میں مستقل سائل ہیں غوث

سر پہ اپنے آپ تاجِ غوثیت پہنے ہوئے — اولیاء کی انجمن میں دید کے قابل ہیں غوث

"یا محی الدین ترحمنا بلطفِ واسع"

دل سے خود آوازہ آئی دلِ بسمل ہیں غوث

آوازِ کے بوسے

رہبرِ راہِ ہُدیٰ ہیں غوثِ پاک   جادۂ ملکِ بقاء ہیں غوثِ پاک

مرکزِ مہر و عطا ہیں غوثِ پاک   منبعِ جود و سخا ہیں غوثِ پاک

بے کسوں کا آسرا ہیں غوثِ پاک   جانشینِ مصطفیٰ ہیں غوثِ پاک

سرورِ کل انبیاء ہیں مصطفیٰ   سیدِ کل اولیاء ہیں غوثِ پاک

مصطفیٰ ہیں مظہرِ ذات و صفات   مصطفیٰ سے کب جدا ہیں غوثِ پاک

لا تخف ان کا جو ہے اعلانِ عام   وارثِ مشکل کُشا ہیں غوثِ پاک

اولیاء کا کعبۂ مقصود ہیں   قبلہ گاہِ اصفیاء ہیں غوثِ پاک

محی الدین اللہ نے بخشا لقب   مصطفیٰ کا معجزہ ہیں غوثِ پاک

پنجتن جیسے میں دکھائی دیتے ہیں   ایک ایسا آئینہ ہیں غوثِ پاک

چونکہ ہیں یہ وارثِ خصالِ رسول   اس لیے باطن کُشا ہیں غوثِ پاک

جان و دل بسمل مرے اُن پر فدا

کیوں کہ جزوِ مصطفیٰ ہیں غوثِ پاک

آوازِ کے بوسے

اولیاءِ اللہ کو بھی ہے سہارا غوث کا 　　 مرتبہ حق نے کیا اعلیٰ سے اعلیٰ غوث کا

جان و دل پر ہے مرے واللہ قبضہ غوث کا 　　 مجھ کو میرے رب نے دیوانہ بنایا غوث کا

نورِ حق نورِ نبیؐ نورِ علیؑ نورِ بتولؓ 　　 کتنے جلووں کا ہے مظہر ایک جلوہ غوث کا

آگئے ہیں رو بہ رو وارث میں وارث کے نعوتؑ 　　 عکسِ انوارِ نبیؐ ہے روئے زیبا غوث کا

نعرۂ "یا غوث" سے آسان ہر مشکل ہوئی 　　 مشکل آتے ہی زباں پہ نام آیا غوث کا

دو شِش پر تھے غوث کے نقشِ قدم سر کھال کے 　　 اسی لئے دوشِ ولایت پر قدم تھا غوث کا

دو جہاں میں سرخروئی اُس کو حاصل ہو گئی 　　 ہاتھ میں دامن موجکے سر پہ سایہ غوث کا

دل سے میں نے جب بھی پوچھا کس کا دیوانہ ہے تو 　　 دل سے یہ آواز آئی میں ہوں شیدا غوث کا

یوسفِ حُسنِ ولایت مظہرِ ربِ قدیر 　　 مظہرِ انوارِ حق ہے روئے زیبا غوث کا

ہر تڑپ پر اُس کو ملتا ہے یہاں اک کیف نو

ہے پسند اس واسطے بسمل کو مدح غوث کا

آواز کے بوسے

جزوِ انوارِ نبی غوثِ الوریٰ ؂ مظہرِ ذاتِ علی غوثِ الوریٰ

فہم انسانی میں آ سکتا نہیں ؂ آپ کا رتبہ کبھی غوثِ الوریٰ

ہاتھ آیا جب سے دامن آپ کا ؂ زندگی ہے زندگی غوثِ الوریٰ

آپ کا ہوں آپ کا ہوں آپ کا ؂ لاج رکھ لیجے میری غوثِ الوریٰ

ہو گئے ہیں جلوہ فرما آپ میں ؂ خود حسن ابنِ علی غوثِ الوریٰ

الغیاث اے دستگیرِ بے کساں ؂ المدد یا سیدی غوثِ الوریٰ

ہے شہِ بطحا تم فضلتی پیشِ نظر ؂ دور کیجے تشنگی غوثِ الوریٰ

حکم ہو تو نذر کر دوں جان و دل ؂ آپ کی جیسی خوشی غوثِ الوریٰ

آپ آنکھوں میں سما جائیں میری ؂ آرزو ہے بس یہی غوثِ الوریٰ

آپ کا ہوں کہ پھر دل میں درِ بدر ؂ ہو نہیں سکتا کبھی غوثِ الوریٰ

ہے نصیرالدین بسمل وارثاً

بوالعلائی قادری غوثِ الوریٰ

آواز کے بوسے

سفینہ غوثِ اعظم ہیں کنارا غوثِ اعظم ہیں
ردواں فیضان سے جس سے وہ دریا غوثِ اعظم ہیں

ولایت کی انگوٹھی کا نگینہ غوثِ اعظم ہیں
طریقت کے گھرانوں کا اُجالا غوثِ اعظم ہیں

کرم کیجے بحقِ مرتضیٰ اب لاج رکھ لیجے
کہ ہم تو بس تمہارے نام لیوا غوثِ اعظم ہیں

اُسی رحمت کے سایہ میں کیوں نہ ہوں کے غلام اُنکے
رسولِ اللہ کے جب زیرِ سایہ غوثِ اعظم ہیں

مریدی لاتخف ارشادِ حق فرمان واثق ہے
ہماری دستگیری کو ہمیشہ غوثِ اعظم ہیں

نظر والوں نے دیکھا ہے جمالِ نجیبتاں اُن میں
الٰہی کتنے جلوں کا خلاصہ غوثِ اعظم ہیں

تری دست و تہی دامال اگر میں ہوں تو کیا غم ہے
یہی کافی ہے مجھ کو میرے آقا غوثِ اعظم ہیں

خدا جانے میں کتنے بے وسیلوں کا وسیلہ وہ
ہزار دل بے سہاردوں کا سہارا غوثِ اعظم ہیں

کیا ہے اولیاءَ اللہ نے خود اعترافِ اس کا
مقامِ قرب میں بالا سے بالا غوثِ اعظم ہیں

نبی کی مدح کا کیف آرہا ہے اُنکی رحمت میں
کہ اپنے جدِّ اطہر کا سرا پا غوثِ اعظم ہیں

صدا دیتے ہی یہ امداد کو آجاتے ہیں بسملؔ
تعالیٰ اللہ اسمِ بامسمیٰ غوثِ اعظم ہیں

آواز کے بوسے

یانبیؐ ہے آپؐ کا جلوہ نظارا غوثؒ کا — ایک ہی ہے خون یا حیدرؓ تمہارا غوثؒ کا

آگئے امداد کو اور مشکلیں حل ہوگئیں — نامِ نامی جب میرے دل نے پکارا غوثؒ کا

سیدالکونین حسینؓ و علیؓ و فاطمہؓ — اتنے جلوں کا خلاصہ ہے نظارا غوثؒ کا

وارثِ قالِ علیؓ و وارثِ مالِ رسولؐ — ہر عمل غوثِ الوریٰ کا ہے اشارا غوثؒ کا

جگمگائے گا ولایت کے فلک پر تا ابد — فیض پہونچایا ہوا روشن ستارا غوثؒ کا

قربِ دائم چاہتے ہیں خاندانِ غوثؒ سب — ہجر کر سکتا نہیں کوئی گوارا غوثؒ کا

نام لیتے ہی زبان و نطق لیتے ہیں مزے — اللہ اللہ کس قدر ہے نام پیارا غوثؒ کا

جان تو روزِ ازل سے اُن پہ قرباں ہوگئی — اور ازل ہی سے فدا ہے دل ہمارا غوثؒ کا

قلزمِ شرعِ متیں میں معرفت کی لجر میں — ڈوبنے والے کو ملتا ہے کنارا غوثؒ کا

جس کی انگلی سے ہوا شق القمر سا معجزہ — ہے اُسی انگشت سے مربوط اشارا غوثؒ کا

سُر خمد مروں سُر خمد ہر طرح سبیل اسیلئے
ہل رہا ہے رات دن مجھ کو اُتارا غوثؒ کا

نعیم ۱۴

آوازِ کے بوسے

هر فعل ہے امرِ حق گویا شہِ جیلاں کا
اللہ کی مرضی ہے منشاء شہِ جیلاں کا

بٹتا ہے غلاموں میں صدقہ شہِ جیلاں کا
جاری ہے کرم پیہم ایسا شہِ جیلاں کا

جلوہ ہے محمد کا جلوہ شہِ جیلاں کا
بے سایہ کا سایہ ہے سایہ شہِ جیلاں کا

سرکارِ مدینہ کے انوار کو دیکھا ہے
وہ جس نے بھی دیکھا ہے جلوہ شہِ جیلاں کا

ہر درد ہر آفت میں تکلیف و مصیبت میں
تکتی ہیں مری آنکھیں رستہ شہِ جیلاں کا

یوں تو بہت آئے میں اللہ کے ولی لیکن
پایا نہ کسی نے بھی پایہ شہِ جیلاں کا

دیدار کرے ان کا یہ جو صلہ کس کا ہے
سو پردوں میں پنہاں ہے جلوہ شہِ جیلاں کا

جائے گا نہ یہ ہرگز تا حشر مرے سر سے
ہے سر میں مرے سودا ایسا شہِ جیلاں کا

چشتی ہو سہروردی یا شاذلی صحرائی
ہر اک نظر آیا شیدا شہِ جیلاں کا

آتے ہیں یہاں سب ہی تشریف زیارت کو
محبوبِ خلائق ہے روضہ شہِ جیلاں کا

قدموں میں مجھے بسمل ہونے کی اجازت ہے
ہے ربط بھی کچھ ایسا میرا شہِ جیلاں کا

آواز کے بوسے

ہو تم مقبلِ مقبلاں غوثِ اعظم :: ہو تم کعبہ عاشقاں غوثِ اعظم

مجھے فکر کیا ہوگی دو نوں جہاں میں :: یہاں غوثِ اعظم وہاں غوثِ اعظم

نہیں فرق خواجہ میں اور غوث میں کچھ :: ہو تم خواجہ خواجگاں غوثِ اعظم

میری بگڑی بن جائے گی دو جہاں میں :: اگر آپ فرمائیں ہاں غوثِ اعظم

کرم ہے یہ اُن کا سمجھتے ہیں اپنا :: کہاں مجھ سا عاصی کہاں غوثِ اعظم

سلیماں ولایت کے اور غوثیت کے :: ہو تم خسرو خسرواں غوثِ اعظم

سبھی بے کسوں خستہ حالوں کے حق میں :: ہے بغداد دارالاماں غوثِ اعظم

جو خاکِ قدم تیری بن جائے آقا :: وہ مٹی کہاں رائیگاں غوثِ اعظم

نہ پہونچے تیرے رتبۂ عالیہ تک :: ہیں عاجز قیاس و گماں غوثِ اعظم

وجود و عدم کے منازل سے آگے :: قدم کے ہو تم ترجماں غوثِ اعظم

ہے صبح و مسا تیرے بسمل کے لب پر

تیرا نام ہی حرزِ جاں غوثِ اعظم

آواز کے بوسے

ارفع ہے سب سے قدر اعلیٰ غوثِ اعظم 　　 کانٹے پہ ہر دلی کے ہے پائے غوثِ اعظم

ہر دم ہے کیف میں وہ شیدائے غوثِ اعظم 　　 قدرت پلائے جس کو صہبائے غوثِ اعظم

خود آپ ہی بتاؤ بغداد والے آقا 　　 یہ کس کا حوصلہ ہے کہلائے غوثِ اعظم

حبِ نبی کا زینہ ہے غوث کی محبت 　　 اعدائے مصطفیٰ ہیں اعدائے غوثِ اعظم

باطن کشا ہیں میرے مشکل کشا ہیں میرے 　　 ہر درد کی دوا ہے اسمائے غوثِ اعظم

عرفانیت کے طالب سیراب ہو رہے ہیں 　　 فیضان کا ہے جاری دریائے غوثِ اعظم

آقا اسی لیے ہیں ہم سب کے شاہِ جیلاں 　　 آقائے دو جہاں ہیں آقائے غوثِ اعظم

منشائے ربِ اکبر منشائے مصطفیٰ ہے 　　 منشائے مصطفیٰ ہے منشائے غوثِ اعظم

جلوے حضور ہی کے ہر دم رہیں نظر میں 　　 ہو آپ کا کرم یوں آقائے غوثِ اعظم

سیرتِ نبی کی لے کر صورتِ علی کی لے کر 　　 وہ آئے غوثِ اعظم وہ آئے غوثِ اعظم

محبوبیت خدا نے دی ہے انھیں کچھ ایسی

ہیں مجھ سے لاکھ بسمل شیدائے غوثِ اعظم

آواز کے بوسے

اللہ کے رتبہ غوثِ الوریٰ کا   سبحاں سے شیدا غوثِ الوریٰ کا

آنکھوں میں جلوہ غوثِ الوریٰ کا   ہے دل میں چہرہ غوثِ الوریٰ کا

اک آئینہ ہے نورِ قدم کا   رُوئے مصفّا غوثِ الوریٰ کا

تطہیر بخشی قرآں نے جس کو   ہے وہ گھرانا غوثِ الوریٰ کا

دامن میں اپنے کیوں نہ چھپائیں   ہے کمسنی والا غوثِ الوریٰ کا

غوثِ الوریٰ کی ہے دین دیسی   ہے نام جیسا غوثِ الوریٰ کا

میں اس لیۓ تو وہ عبدِ قادر   قادر ہے مولا غوثِ الوریٰ کا

اک بار ہی روۓ زیبا دکھا دے   با رِ خدایا غوثِ الوریٰ کا

بعد ادب سے آکے اہلِ ولا میں   بٹتا ہے صدقہ غوثِ الوریٰ کا

گھر گھر ہے شہرہ سارے جہاں میں   الحمد للہ غوثِ الوریٰ کا

ہاتھوں میں اُن کا دامن ہے بسمل

سر پر ہے سایہ غوثِ الوریٰ کا

آواز کے بوسے

اس مصدر و مشتق میں کچھ ربط ہی ایسا ہے
سرکار کا عاشق ہے جو غوثؑ کا شیدا ہے

یا پیر بہر صورت ایقان یہ میرا ہے
اک چشمِ کرم تیری ہر غم کا مداوا ہے

دیدار کی لڑیوں کو آپس میں ملاتے ہیں
ہم دیکھتے ہیں اُسکو جس نے تمہیں دیکھا ہے

وہ پشت پناہی پر ہیں اپنے غلاموں کی
رسوا ہے غلام اُن کا تم نے کہیں دیکھا ہے

کیا خوب گزرتی ہے پروردہ نسبت کی
دن رات تصور میں محبوب کا چہرہ ہے

البتہ دامان میں ہے پاس ملک جو کچھ
اے ابن ابوالقاسمؑ یہ آپ کا صدقہ ہے

حد سے بھی زیادہ وہ فیاض ہیں دینے میں
فیضانِ شہِ جیلاں مشہورِ زمانہ ہے

لجہ ملے کے سخاوت کا مادی ہے عطاؤں کا
مگر تیری حقیقت میں گھر داد و دہش کا ہے

جس طرح تیرے داد آ سردار ہیں نبیوں کے
اس طرح سے تو خود بھی کل دلیوں کا آقا ہے

کونین کی ہر دولت ملتی ہے تیرے در سے
میں تیرا ہوں تو میرا اب تجھ کو کیا ہے

بغداد کا خواجہ تو دل میں ہے میرے سنبل
یہ لوگوں کا کہنا ہے بغداد میں رہتا ہے

آواز کے بوسے

جب ہی تو ہے اُن کا لقب غوثِ اعظم
ازل سے ہی ہیں مقبولِ ربّ غوثِ اعظم

سراپا ہے اُمّی لقب غوثِ اعظم
تجلّی شاہِ عرب غوثِ اعظم

جگر پارہ فاطمہؓ و علیؓ ہیں
جدا ہیں محمدﷺ سے کب غوثِ اعظم

ازل سے بنے ہیں عمادِ ولایت
سمجھ کہ مشیّت کا مذہب غوثِ اعظم

مری جان و مال اورا اسبابِ ہستی
فدا تم پہ کر دوں میں سب غوثِ اعظم

اُسے مل گیا آپ کا دردِ الفت
کہ جن پر ہوا فضلِ ربّ غوثِ اعظم

اغثنی اغثنی اغثنی اغثنی
تمہیں سے ہے میری طلب غوثِ اعظم

سدا مانگنے ہی سے پہلے ہے مجھ پر
تمہاری عطا ہے طلب غوثِ اعظم

غلامی تمہاری ہے ورثہ ہمارا
یہی ہے ہمارا نسب غوثِ اعظم

یہ عالم ہے اب نسبتِ بے خودی کا
تصور میں ہیں روز و شب غوثِ اعظم

یہ ہے نازِ نسبت تمہارا ہوں بسمل
کہ مروں کیا کسی سے طلب غوثِ اعظم

آوازکے بوسے

میری رگ رگ میں فیضانِ ولائے غوثِ اعظم ہے　　یہ میری منقبت گوئی عطائے غوثِ اعظم ہے

مریدی "لاتخف" کی جو صدائے غوثِ اعظم ہے　　پسِ پردہ یہ شاید خود خدائے غوثِ اعظم ہے

نظر کیجیے اسے جو آشنائے غوثِ اعظم ہے　　وہی دل ہے جو دل دولت سرائے غوثِ اعظم ہے

غمِ ابرو کی گردش سے مٹا دیں گردشِ دوراں　　یہ صرف اپنے مریدوں کو عطائے غوثِ اعظم ہے

علی در اسی علی عینی سے آخر ہو گیا ظاہر　　کہ گردن اولیا کی زیرِ پائے غوثِ اعظم ہے

شریعت میں طریقت میں ولایت میں کرامت میں　　کوئی ایسا نہیں ہے جو برابرِ غوثِ اعظم ہے

زبانِ اللہ نے دی ہے ازل سے ان کی مدحت کو　　ازل سے زندگی وقفِ ثنائے غوثِ اعظم ہے

وہی ہے اولیا کے ارتقاء کی آخری منزل　　جہاں سے ابتدائے ارتقائے غوثِ اعظم ہے

کہیں جن کا ٹھکانہ ہی نہیں ہے سارے عالم میں　　سہارا ان کا اک دولت سرائے غوثِ اعظم ہے

انا فی حضرۃ التقریب وحدی سے سمجھ لیجیے　　خدا خود سبب سے بڑھ کر آشنائے غوثِ اعظم ہے

ازل سے اس قدر غوث الوریٰ جزوِ مشیت ہیں

خدا خود جیسے سبل آشنائے غوثِ اعظم ہے

آواز کے بوسے

پر تو حُسنِ محمد سے رُخ تاباں غوثؔ
مظہرِ شانِ جلالِ حیدری ہے شانِ غوثؔ

بادشاہوں سے سوار تبہ میں ہیں بانِ غوثؔ
سوچیے کیا ہوگی شان و رفعتِ ایوانِ غوثؔ

منزلِ عرفانِ حق آساں اُن پر ہو گئی
مل گئی قسمت سے جن کو دولتِ عرفانِ غوثؔ

جس کو جو کچھ بھی ملا اُن کے وسیلہ سے ملا
کون ہے وہ جو نہیں منتِ کشِ احسانِ غوثؔ

یہ وہ منزل ہے جہاں بے بس ہے انسانی شعُور
فہمِ انساں کی حد وسیع قادری ہے شانِ غوثؔ

سر مُہ خاکِ مدینہ جب تک آنکھوں میں نہ ہو
کیسے آئیگا نظر دروازۂ ایوانِ غوثؔ

غوثؔ جائیں تو جہاں سے ظلمتیں ہو جائیں دُور
کوئی ایسے شَے ہے نہیں جو داخلِ امکانِ غوثؔ

اولیاء سے بڑھ کے ہم کیا اُن کی مدحت کر سکیں
صرف اُن ہی کی زباں ہے اصل میں شایانِ غوثؔ

کتنی مدت سے یہ بسمِلؔ طالبِ دیدار ہے
اک جھلک کی آرزو ہے اے رُخِ تاباں غوثؔ

کشتن تھی معرفت کی رہ گذر یا غوثِ صمدانی
کیا تم نے اُسے آسان تر یا غوثِ صمدانی

عطا کرنے تمیزِ خیر و شر یا غوثِ صمدانی
ضرورت ہے کہ تم ہوں جلوہ گر یا غوثِ صمدانی

متاعِ زیست تم کو مجان کر یا غوثِ صمدانی
غمِ ہستی سے میں ہوں بے خبر یا غوثِ صمدانی

تمہاری اک نگاہِ لطف نے بخشتی ہے یہ منزل
زمانے بھر کی سجدہ پر ہے نظر یا غوثِ صمدانی

حدِ ادراک سے باہر نکل جاتے میں دیوانے
تمہارا پاکِ دامن تھام کر یا غوثِ صمدانی

شعورِ دید ہوتا ہے جہاں حیرت کی منزل میں
ہو تم وہ پرتوِ خیر البشر یا غوثِ صمدانی

اب اس سے بڑھ کے کیا ہوگی غلاموں کی گراں قیمت
بکے ہیں یہ تمہارے ہاتھ پر یا غوثِ صمدانی

اسی سے اسمِ اعظم کا لیا ہے کام مشکل میں
تمہارے نام کا ہے یہ اثر یا غوثِ صمدانی

متاعِ دو جہاں ہو جائے قدموں پر اگر قرباں
نہیں ہے یہ بھی شایاں مگر یا غوثِ صمدانی

پھر یا تھا تمہارے پاؤں پہ میں اپنے ہاتھوں کو
مری مُٹھی میں ہیں شمس و قمر یا غوثِ صمدانی

تمہاری یاد میں جینا تمہارے نام پہ مرنا
یہی آتا ہے بسمل کو ہنر یا غوثِ صمدانی

آواز کے بوسے

ازل سے تمہاری قسم غوثِ اعظم   ابد تک تمہارے ہیں ہم غوثِ اعظم

جو ہے یاد میں چشمِ نم غوثِ اعظم   ہے یہ بھی تمہارا کرم غوثِ اعظم

تمہاری محبت کے غم سے زیادہ   نہیں معتبر کوئی غم غوثِ اعظم

مریضِ محبت کو اکسیر ہے وہ   جو مل جائے خاکِ قدم غوثِ اعظم

تمہاری عطا پر بھروسہ ہے اتنا   نہیں ہے غم بیش و کم غوثِ اعظم

تمہارے سوا ہو نہ آنکھوں میں کوئی   جب آجائے آنکھوں میں دم غوثِ اعظم

تمہارا جو عرفاں ہوا تو یہ سمجھا   کہ وحدت میں کثرت ہے ضم غوثِ اعظم

جو کاسہ گدائی کا در سے ملا ہے   مرے حق میں ہے جامِ جم غوثِ اعظم

رہا میرا دامن ہی کوتاہ ورنہ   کیے تم نے بیحد کرم غوثِ اعظم

تمہیں مو دباں جانشینِ محمد   عرب ہو وہ یا ہو عجم غوثِ اعظم

چلو چل کے قرباں ہو جائیں بسمل

کہ یاد آتے ہیں دم بدم غوثِ اعظم

آواز کے بوسے

کرم ازکم ایسی منزل پہ ہوا لغت غوثِ اعظم کی   کہ ہوا انفاس میں محسوس قربت غوثِ اعظم کی

اب اس سے بڑھ کے کیا ہوگی کرامت غوثِ اعظم کی   کہ غیروں کے بھی دل میں ہے محبت غوثِ اعظم کی

رسولؐ اللہ کی سیرت رسولؐ اللہ کی صورت   وہی سیرت وہی صورت ہے حضرت غوثِ اعظم کی

بظاہر عبدِ قادر ہیں محی الدین جیلانی   حقیقت میں خدا جانے حقیقت غوثِ اعظم کی

"بس رے میرے ہیں" یہ فرمان ہے شاہِ رسالت کا   اسی کی پیروی کرنا ہے عادت غوثِ اعظم کی

جہاں پر ناامیدی منزلِ آخری ہوتی ہے   نظر آتی ہے اُس منزل پہ قدرت غوثِ اعظم کی

یہ جس کے دل میں بس جائے پھر اسکے دل کیا کہنا   محبت اور پھر وہ بھی محبت غوثِ اعظم کی

سرِ محشر جو پوچھا جائیگا کیا ساتھ لایا ہے   کہوں گا میرا سرمایہ ہے نسبت غوثِ اعظم کی

اُنہیں کے نام کا سکہ اُنہیں کے نام کا چرچا   زمانہ میں ہے ہر سو بادشاہت غوثِ اعظم کی

محبت پیر کی بسمل ازل سے جڑوائیاں ہے   سمائی ہے مری رگ رگ میں لغت غوثِ اعظم کی

ہزاروں جان و دل اُن پر فدا کرنے کو بسمل ہیں

جو مل جائے اُنہیں بسمل اجازت غوثِ اعظم کی

آوازِ کے بوسے

یانی کن سرحدوں میں ہے ولایت غوثؒ کی — آپ ہی پہچان سکتے ہیں حقیقت غوثؒ کی

ہیں جلالِ مرتضیٰ عکسِ جمالِ مصطفیٰ — دیکھ سکتے ہیں ان آئنوں میں صورتِ غوثؒ کی

بے سہاروں بے کسوں کی دستگیری کیلئے — ڈھونڈتی رہتی ہے خود چشمِ عنایت غوثؒ کی

دے نہیں سکتا بنامِ حق انھیں شیطاں فریب — معرفت میں ہے یہ شانِ استقامت غوثؒ کی

ہیچ ہو جاتی ہے پھر اُسکی نظر میں کائنات — جس پہ ہو جاتی ہے اک چشمِ عنایت غوثؒ کی

عبدِ قادر نے ہر اک ناقص کو کامل کر دیا — خوش نصیبوں کو ہی ملتی ہے یہ دولت غوثؒ کی

اس پہ خود دستِ نبوت سے بھی ہو جاتی ہے صاد — ثبت ہو جاتی ہے جب مہرِ ولایت غوثؒ کی

وارثِ مشکل کشا ہیں انکی یہ میراث ہے — مشکلوں میں کام آنا ہے یہ عادت غوثؒ کی

زندگی میں قبر میں اور حشر کے میدان میں — ہر جگہ ہر وقت کام آئی ہے نسبت غوثؒ کی

کتنے ہی طوفان آتے بھی ہیں ٹل جاتے بھی ہیں — حشر تک یا رب لئے نسبتِ سلامت غوثؒ کی

فضل سے اللہ کے میں غوثؒ کا ہوں غوثؒ کا

ہر قدم پر ہے مجھے سنبھل نصرتِ غوثؒ کی

آواز کے بوسے

اہلِ عرفاں کو ہے خوب اس کا قیمہ غوث الوریٰ   تم ازل سے ہو مشیت آشنا غوث الوریٰ

اے شبیہ مصطفیٰ و مرتضیٰ غوث الوریٰ   آپ ان دونوں کے ہیں صورت نما غوث الوریٰ

مہر ادا ہے آپ کی سیرت رسول اللہ کی   چل رہا ہے اس کا سچے ذریعے سے پتہ غوث الوریٰ

بے خودی چھائی ہوئی ہے ربط کی منزل میں ہوں   ہے خلیفہ اب مرا غوث الوریٰ غوث الوریٰ

"لا تَحْزَنْ اللہ رَبِّی" سے یہی ظاہر ہوا   حق سے ہے مضبوط رشتہ آپ کا غوث الوریٰ

بے قراری ہی مری غنی ہجر کی ہے زندگی   ہو چکا ہے یہ مرض اب لادوا غوث الوریٰ

ہجر کی منزل سے بھی مانس کر گذر جاتا ہوں میں   آپ نے لکھ کو دیا یہ حوصلہ غوث الوریٰ

خود مشیت مائل رحمت نظر آنے لگی   جب دیا میں نے تمہارا واسطہ غوث الوریٰ

جواد ہر حشیم کرم لے ذوالمنن لے ذوالکرم   آپ کی میراث ہے جود و سخا غوث الوریٰ

خوش نصیبی اس کو کہتے ہیں فنائی غوث الوریٰ   یہ فنا در اصل ہے دیدہ بقا غوث الوریٰ

تم باذن اللہ ہو جائے دہ سبسمل کے لئے
اُس کو لی جلئے جو دامن کی ہوا غوث الوریٰ

آواز کے بوسے

لب پہ خود بے ساختہ آیا ہے نامِ دستگیر
المدد اب اے خیالِ احترامِ دستگیر

حق کو خود اتنا ہے انکی دستگیری کا خیال
جو بھی مانگا مل گیا مجھ کو بنامِ دستگیر

اے جہاں والو سنو سمجھو عمل کرتے رہو
ہے پیام سردارِ عالم پیامِ دستگیر

مئے کدہ ہے غوثِ کارِ دانِ عرفانی پیو
ہے مئے حُبِّ حبیبِ حق بجامِ دستگیر

ان کو ہیں حاصل صفاتِ مصطفائی اسیلئے
اولیاء میں سب سے اعلیٰ ہے مقامِ دستگیر

یا مریدی لا تحتف پر کاملاً ایقان ہے
اسیلئے بے خوف ہے ہر اک غلامِ دستگیر

اس نواسے نے کیا ناناکی فطرت پر عمل
دستگیری میں کٹے ہیں صبح و شامِ دستگیر

غوثِ اعظم اولیاء کے اس لیے سرتاج ہیں
ہے نظامِ سردارِ عالم نظامِ دستگیر

شاد احساسات ہیں اور جان دل ہیں مطمئن
شکر ہے بسمل کہ میں ہوں زیرِ بامِ دستگیر

آواز کے بوسے

دوشِ اقدس پر مری کس کے نقش یا غوثِ الوریٰ
یہ بھی ہے معراج کا اک معجزہ غوثِ الوریٰ

انبیاء و کبریا میں واسطہ ہیں مصطفیٰ
اولیاء و مصطفیٰ کا رابطہ غوثِ الوریٰ

پھر کسی کو بھی نہ ایسی افضلیت مل سکی
پھر زمانے نے نہ دیکھا آپ سا غوثِ الوریٰ

اللہ اللہ مصدر و مشتق میں کتنا فرق ہے
آپ ہیں بے شک شبیہ مصطفیٰ غوثِ الوریٰ

آنکھ والوں کو نظر آتے ہیں آپ میں مصطفیٰ
درحقیقت آپ ہیں وہ آئینہ غوثِ الوریٰ

"یا محی الدین ترحم بلطفِ و اسمع"
اچھے اچھوں نے یہی دی ہے صدا غوثِ الوریٰ

آپ مشکل میں جو یاد آئے تو مشکل حل ہوئی
ہے تصور آپ کا عقدہ کشا غوثِ الوریٰ

چور کو بھی آپ نے ابدال کی بخشی سند
آپ پر ہے اس قدر فضلِ خدا غوثِ الوریٰ

آپ کی خاکِ قدم مل جائے تو اکسیر ہے
اس سے بڑھ کر کچھ نہیں ہے کیمیا غوثِ الوریٰ

ہے یہی آنکھوں کا مصرف دیدِ کا مقصد یہی
کچھ نہ دیکھوں میں تمہارے ماسوا غوثِ الوریٰ

گنبدِ خضرا کا منظر بھی ہے بسمل کو نصیب
جب سے آنکھوں میں ہے روضہ آپ کا غوثِ الوریٰ

آوازِ کے بوسے

درد ہجراں دیکھیے اور چشمِ گریاں دیکھیے   دیکھیے یا غوث یہ حالِ پریشاں دیکھیے

اے شہنشاہِ ولایت سیدِ عالی مقام   اس طرح سے بھی قبلۂ روشن ضمیراں دیکھیے

دستگیرِ بیکساں یہ وقت ہے امداد کا   میری کشتی دیکھیے اور جوشِ طوفاں دیکھیے

آپ کی چشمِ کرم کا ہر طرح محتاج ہوں   حالِ قطرہ کا بھی اے دریائے عرفاں دیکھیے

غوثیت کے ابرِ باراں ہم کو بارش چاہیے   اُجڑے گلشن کو بھی اے جانِ بہاراں دیکھیے

ہیں کھڑے دربار میں دامن کو پھیلائے ہوئے   شاہِ شاہانِ جہاں سوئے گدایاں دیکھیے

آپ کے در پر کھڑے ہیں سائلانِ قادری   غوثِ اعظم قطبِ عالم شاہِ جیلاں دیکھیے

وقت کی رفتار نے بے طور و بے دو دانا ہے ہیں   دستگیرِ بیکساں سوئے غریباں دیکھیے

آپ کا سائل کھڑا ہے آپ کے در پر حضور

اس کے ارماں دیکھیے اور اس کا ماں دیکھیے

آواز کے بوسے

جن کی ہوتی ہے بسر شان سے ایوانوں میں
ایسے سلطان بھی ہیں غوث کے دربانوں میں

جن کو خود حق نے عطا کی ہے نگاہِ حق بیں
ہیں ازل ہی سے وہ سب غوث کے دیوانوں میں

چشمِ عارف میں کبھی اور دلِ عاشق میں کبھی
ڈھونڈئیے پیر کو کچھ ایسے ہی کاشانوں میں

خود میں بن جائیگی ہر موج تلاطم ساحل
ناخدائی جو رہے آپ کی طوفانوں میں

شمعِ بغداد ہے طیبہ کی ضیا سے روشن
ساری دنیا ہے اسی شمع کے پروانوں میں

پیر کے در پہ ہوئی ختم تہی دامانی
درِ مقصود دلئے آئے ہیں دامانوں میں

جن کے صدقے میں ہوئی عظمتِ انساں ظاہر
غوثِ اعظم بھی ہیں ان چند ہی انسانوں میں

سر مری کیف میو یا مو دہ سرورِ چشتی
عکس اُن کا ہی نظر آیا ہے بیانوں میں

ہاتھ میں دامانِ اقدس میو نظر رخ پر میو
ایک ایسا بھی ہے ارماں مرے ارمانوں میں

غوثِ اعظم سے جو رکھتے ہیں خصوصی نسبت
غوث کا نور ہے ان سب کے شبستانوں میں

کاش بغداد سے میو جائے طلب اے سبیل

ہم بھی شامل ہوں کبھی غوث کے میہمانوں میں

آواز کے بوسے

دعویٰ کچھ جانتے ہیں کیا مقام غوثِ اعظم ہے   کہ جن کے داسطے لطفِ دوام غوثِ اعظم ہے

عجب تاثیر اسمِ پاک میں ہے اسمِ اعظم کی   جو ہر مشکل میں کام آئے وہ نام غوثِ اعظم ہے

سہر وردی ہوں چشتی ہوں شاذلی ہوں نقشبندی ہوں   ولایت کے ہر اک گل میں شامِ غوثِ اعظم ہے

حضور اے کاش مشتاقانِ جلوہ کو نظر آئیں   زمانہ منتظر ہے سر سلام غوثِ اعظم ہے

محمد کو ملاحق سے محمد نے دیا اُن کو   ہمیں جو کچھ ملا ہے وہ بنام غوثِ اعظم ہے

یہاں چوری کو جو آئے تو وہ ابدال ہو جائے   عجب ہر ایک پر فیضانِ عام غوثِ اعظم ہے

گماں بے ساختہ جس پہ ہوا نہج البلاغہ کا   بلاغت میں عجب طرزِ کلام غوثِ اعظم ہے

"قدمت برقابِ اولیاء ہر زماں قائم"   ہر اک دوشِ ولایت پر مقام غوثِ اعظم ہے

"فقد مالک علی راسی علی روحی علی عینی"   اب اس معیار پر ربطِ غلام غوثِ اعظم ہے

نیاز اندر حجابِ پاک اداز قدسیاں باید   مگر سبیل تو درباری غلام غوثِ اعظم ہے

"کہ آید جبرئیل از بہرِ کارِ درباری"

یہ شانِ غوثِ اعظم یہ مقامِ غوثِ اعظم ہے

آواز کے بوسے

پیرانِ پیر مظہرِ نورِ خدا ہیں آپ
آئینہ جمالِ رُخِ مصطفیٰ ہیں آپ

اللہ کے رسول کا اک معجزہ ہیں آپ
اللہ جانتا ہے کہ دراصل کیا ہیں آپ

ہر حیثیت سے وارثِ مشکل کشا ہیں آپ
جزوِ حسن اور دلِ فاطمہ ہیں آپ

تصویرِ مصطفیٰ کی ہے رنگِ جمال میں
شانِ جلال میں تو علی مرتضیٰ ہیں آپ

سمجھے وہ آپ کو جو ہے خود آپ سے بلند
یہ مصطفیٰ بتائیں گے دراصل کیا ہیں آپ

اس نور کے وسیلہ سے ہوتی ہے معرفت
دل کے ہر اک گوشہ میں جلوہ نما ہیں آپ

رفعت پہ جس کی فرشی بھی نازاں ہے عرشی بھی
ہر دقت اس مقام پہ غوثُ الوریٰ ہیں آپ

میں آپ کی تلاش میں تھا ملا گئے رسول
اب یہ پتہ چلا کہ نبیؐ کا پتہ ہیں آپ

بسمل پہ بے خودی میں کھلا ہے کبھی یہ راز
محبوبیت کی شان میں سرِّ انا ہیں آپ

آواز کے بوسے

غوثِ الوریٰ کا فیضِ نظر دیکھتا ہوں میں
ہر لمحہ اک سکونِ دگر دیکھتا ہوں میں

جب سے جمالِ غوث ہے میری نگاہ میں
کس اوجِ پر ہے میری نظر دیکھتا ہوں میں

یہ اُن کی چشمِ کیری کا اعجاز ہے دیکھے
بس اُن کو دیکھتا ہوں جدھر دیکھتا ہوں میں

اُس مظہرِ صفاتِ محمد کے میں نثار
جس میں کمالِ حُسنِ بشر دیکھتا ہوں میں

آتے ہی پیر کے رُخ پُر نور کا خیال
خود اپنی شامِ غم کی سحر دیکھتا ہوں میں

سارا زمانہ پھر لے نظر میں تو غم نہیں
بس غوث کے کرم کی نظر دیکھتا ہوں میں

میری نظر ہے اہلِ نظر کی نگاہ پر
اہلِ نظر کی اُن پہ نظر دیکھتا ہوں میں

رکھتا ہوں پہلے در پہ جبینِ نیاز کو
پھر اُس کے بعد قیمتِ سر دیکھتا ہوں میں

کوتاہ دامنی بھی مرے کام آ گئی
اُن کی عطا کو بارِ دگر دیکھتا ہوں میں

اک لمحہ یادِ غوث سے جو غفلت جو ہو گئی
ہستی کو اپنی زیر و زبر دیکھتا ہوں میں

روزِ ازل سے بسملؔ پیرانِ پیر ہوں
نسبت کا مستقل یہ اثر دیکھتا ہوں میں

آوازکے بوسے

پر گئی ہے جب کوئی افتادگی یا پیرانِ پیر — دستگیری آ گئی ہے یاد یا پیرانِ پیر

دل ہے دردِ عشق سے آباد یا پیرانِ پیر — ہو کے بھی ناشاد میں ہوں شاد یا پیرانِ پیر

جب کسی نے کی کوئی بیداد یا پیرانِ پیر — یاد آیا لا تَخَفْ ارشاد یا پیرانِ پیر

اللہ اللہ اہتمامِ جلوہ نورِ قدم — منسلک طیبہ سے ہے بغداد یا پیرانِ پیر

لوگ دنیا کے ہر اک گوشہ سے دیتے ہیں صدا — خاطرِ ناشاد را کن شاد یا پیرانِ پیر

آپ ہی کیا دستگیری کیلئے ہر دور میں — کام آئی آپ کی اولاد یا پیرانِ پیر

سالکانِ حق کی ہر عقدہ کشائی کیلئے — مرکزِ انوار ہے بغداد یا پیرانِ پیر

آپ ہی کا ذکر ہے ذکرِ نبیؐ ذکرِ خدا — اہلِ عرفاں کے ہیں دل آباد یا پیرانِ پیر

دستگیری قبلِ فریاد آپ جب کرتے رہیں — کیا رہے پھر حاجتِ فریاد یا پیرانِ پیر

ذکر کیا اپنوں کا خود احسان فراموشوں کی بھی — آپ نے کی بار ہا امداد یا پیرانِ پیر

اپنے بسمل کا سراپا آپ ہی خود دیکھ لیں

کیا سناؤں ہجر کی روداد یا پیرانِ پیر

آواز کے بوسے

یوں تو سلطانوں کے بھی سلطاں ہیں آپ — قلب میں مفلس کے بھی جہاں ہیں آپ

اے محی الدین محبوبِ الہیٰ — حق تعالیٰ کا عجب احساں ہیں آپ

ہر مصیبت میں ہر آڑے وقت میں — بے کس و مظلوم کے پُرساں ہیں آپ

"دامنت سرپوش بادا المیٰ" — کیا کہوں کتنے بڑے انساں ہیں آپ

"بر سرِ مجرم محمد قادری" — ایسے بھی اقطاب کے سلطاں ہیں آپ

نعرۂ یا غوث نے سمجھا دیا — لطف کا اک مستقل عنواں ہیں آپ

آپ سے وابستہ ہیں بندہ نواز — ہم غلاموں کے لیے پُرساں ہیں آپ

اُسی قدر ہم آپ پر قربان ہیں — مصطفیٰ پر جس قدر قرباں ہیں آپ

بسمل عاجز کا یہ ایقان ہے — دل کسی کا اور کسی کی جاں ہیں آپ

آپ پر بسمل ہیں خوبانِ جہاں

غوثِ اعظم خسروِ خوباں ہیں آپ

آواز کے بوسے

رُخِ احمد کی تجلّی ہے کہ رُوئے غوث ہے :: رہ گذار ہے راہِ طیبہ ہے کہ کوئے غوث ہے

کیا بتاؤں کس قدر اب آرزوئے غوث ہے :: دل بھی سوئے غوث ہے اور جاں بھی سوئے غوث ہے

میکشی اُس کی ہے کیف اُس کا ہے اُس کا ہے مراد :: اُس کا کیا کہنا ہے جو مستِ سبوئے غوث ہے

مصطفیٰ و فاطمہ سے اُس کی قربت ہی نہیں :: وہ علاوے مرتضیٰ ہے جو علاوہ ئے غوث ہے

دیکھ لیتا ہے وہ اپنے دل میں جلوہ ئے غوث کا :: جس کو اے زاہد حقیقی جستجوئے غوث ہے

دل مرا جھک کو نظر آنے لگا ہے آئینہ :: فیضِ نسبت سے جو اسی میں عکسِ آرزوئے غوث ہے

عبدِ قادر کو عطا قادر نے کی یہ کشش :: دونوں عالم میں ظاہر جذبِ پہلوئے غوث ہے

پیر سے رشتہ نہیں ٹوٹا ہے ہنگامِ صلوٰۃ :: سر تو سجدہ میں ہے اور آنکھوں میں رُوئے غوث ہے

ربطِ دنسبت نے تصور کو دیا ہے یہ مقام

اللہ اللہ آج بسمل رو برُوئے غوث ہے

آواز کے بوسے

یا غوث میرا دیں میرا ایماں تمہیں تو ہو　　المختصر حیاتِ کا عنواں تمہیں تو ہو

سبِ انبیاء میں جیسے نمایاں حضور ہیں　　سببِ اولیاء میں خاص نمایاں تمہیں تو ہو

کہتی ہے صاف یہ رخِ تاباں کی روشنی　　محبوبیت کی شمعِ فروزاں تمہیں تو ہو

جس مظہرِ اتم کی زمانے کو ہے تلاش　　میری نظر میں وہ شہِ خوباں تمہیں تو ہو

بے فکر ہوں تلاطم و امواج سے حضور　　کشتی کے پاسباں دمِ طوفاں تمہیں تو ہو

اللہ اور رسول کی پہچان جس سے ہو　　وہ رہنمائے جادۂ عرفاں تمہیں تو ہو

بے آسرا ہوں تم کو صدا دیر ہا ہوں میں　　یا پیر مجھ غریب کے پرساں تمہیں تو ہو

اللہ نے دیا ہے تمہیں خاص یہ مقام　　مسندنشینِ محفلِ خاصاں تمہیں تو ہو

سرسبز ہے تمہیں سے مرا گلشنِ سلوک　　جانِ بہار جانِ گلستاں تمہیں تو ہو

تم کو نہ دردِ تڑپے کے پکارے تو کیا کرے　　ہر قادری کے دردِ کا درماں تمہیں تو ہو

ہوں قطرۂ حقیر میں ۔ دریا ہو غوثِ تم

بسمل ہے مور اور سلیماں تمہیں تو ہو

آواز کے بوسے

اس قدر ہے مجھ پہ روحانی عنایت غوث کی ۔۔۔ دیتے ہی آواز حاصل ہے معیت غوث کی

صدرِ بزمِ اولیا ہیں صدرِ بزمِ اصفیا ۔۔۔ بن گئی ہے غوث کا حصہ یہ وحدت غوث کی

دستِ قدرت سے ہے یوں مربوط دستِ دستگیر ۔۔۔ دستگیری کر رہا ہے دستِ قدرت غوث کی

عبدِ قادر معجزہ ہیں احمدِ مختار کا ۔۔۔ دے رہی ہے یہ گواہی ہر فضیلت غوث کی

عرش پر معراج کی شب کھولے کا نذروں پر قدم ۔۔۔ شان دکھلاتے ہیں یوں شاہِ رسالت غوث کی

ایسی منزل میں کسی کا رنگ جمتا ہی نہیں ۔۔۔ رنگ پر جس وقت آتی ہے محبت غوث کی

یا قطب یا غوثِ اعظم یا ولی روشن ضمیر ۔۔۔ دیکھیے کس کی زباں پر ہے یہ عظمت غوث کی

"بندہ ام در ماندہ ام جز تو ندارم دستگیر" ۔۔۔ ہم تو کیا ہے اچھے اچھوں کو ضرورت غوث کی

"بر درِ درگاہِ والا سائلم اے آفتاب" ۔۔۔ اس طلب سے ہے عیاں شانِ سعادت غوث کی

"خاطرِ ناشاد را کن شاد یا پیرانِ پیر" ۔۔۔ ہو کے خود بندہ نواز اور استعانت غوث کی

کیا بتاؤں کتنے جلووں سے مشرف ہو گیا

جب بجھو اے السبیل ہوئی مجھ کو زیارت غوث کی

آواز کے بوسے

کم سے کم ایسا بنا دو پیرِ لاثانی مجھے
دیکھ کر ہونے لگے خود کو بھی حیرانی مجھے

میں نہیں کہتا کہ دیں سرکار سلطانی مجھے
چاہیے بس آپ کے اک در کی دربانی مجھے

"یا قطب یا غوثِ اعظم یا ولی روشن ضمیر"
ہاتھ آیا ہے تمہارا اسمِ لاثانی مجھے

آستاں پر آپ کے جب جا رہوں آ سکتا ہوں میں
روک سکتی ہے کہاں دنیا یہ دیوانی مجھے

جس سے حاصل ہو شعورِ بندگی اور آگہی
ساقیُ بغداد دیں اک جامِ عرفانی مجھے

آپ کے در کی غلامی سے یہ حاصل ہو گیا
ہو گئی آساں خدا بینی خدا دانی مجھے

اب غمِ امروز ہے دل میں نہ فردا کا خیال
آپ ہیں میری مدد پر کیا پریشانی مجھے

ہر نفس پر مل رہا ہے اک پیامِ معرفت
جب سے حاصل ہے تمہارا فیضِ روحانی مجھے

تابشِ انوار سے گم ہو گئے کوشش و خرد
کس طرف بہکائے گی مبلغوں کی تابانی مجھے

ہو چکا ہوں اہلِ دنیا کی عطا سے بے نیاز
جب سے حاصل ہے عطائے قطبِ ربانی مجھے

آئیے امداد کو لے دستگیرِ دو جہاں
کر رہا ہے آج سبیل درد پنہانی مجھے

آواز کے بوسے

غوثِ اعظم کی یاد جب سے ہے ؎ زیست بیگانہ ہر طلب سے ہے

اسمِ اعظم کی دیکھ لی تاثیر ؎ نامِ اقدس زباں پہ جب سے ہے

دستگیری کو آئیے آقا ؎ آپ کا انتظار کب سے ہے

آپ ہی آپ ہیں نگاہوں میں ؎ دیکھنے کا شعور جب سے ہے

آپ سے ربطِ خاص ہے ہم کو ؎ آپ کو ربطِ خاص رب سے ہے

آپ کے در سے مانگنے والا ؎ ہر طرح بے نیاز سب سے ہے

قربتِ مصطفیٰ ہوئی حاصل ؎ آپ کی یاد دل میں جب سے ہے

"لا تخف" ہر مرید سے کہہ دے ؎ بات ممکن کہیں یہ سب سے ہے

وقت آخر ہے آئیے آقا ؎ منتظر یہ غلام کب سے ہے

عبدِ قادر میں ہے جبھی قدرت ؎ ان کی ہر بات حکمِ رب سے ہے

یہ سماوت ہے ان کی اے بسمل

جو عطا ہے سو اطلب سے ہے

آواز کے بوسے

مجھے غوثِ الوریٰ کے در پہ جا کر ہے مرا حالِ غم اک دل سنا کر

جسے چھوڑیں حضورؐ اپنا بنا کر اُسے دنیا کرے گی کیسے ستا کر

عجب فیضِ در غوثِ الوریٰ ہے سبھی اُٹھے یہاں قسمت بنا کر

تمہاری برتری تسلیم کی ہے سبھی نے گردنیں اپنی جھکا کر

تمہارا نام ردِ ہر بلا ہے ہزاروں بار دیکھ آزما کر

ولائے غوثِ اعظم ہے وہ دولت میں سب کچھ بھول بیٹھا اس کو پا کر

ملے اُن کو مقاماتِ ولایت چلے جو آپ کو رہبر بنا کر

ہے اُس کی منزلِ ما بعد طیبہ جو رگ جائے تمہارے در پہ آ کر

بہت مدت سے ہے اس کی تمنا سناؤں حالِ دل بغداد جا کر

بُرا ہوں یا بھلا ہوں آپ کا ہوں نہ رسوا کیجئے اپنا بنا کر

شعورِ عبدیت ہے کتنا ستمل
مشیت دیکھتی ہے آزما کر

آواز کے بوسے

منقبت حضرت سیدنا خواجہ اعظم غریب نواز

خود دیوہ ہو جانا ہے پھر صاحبِ قسمت خواجہ ۔۔۔ جس کو ملتی ہے ترے در کی دولت خواجہ

خواجگی کی یہ نمایاں ہے علامت خواجہ ۔۔۔ تو جدھر ہو گا اُدھر ہو گی مشیت خواجہ

خود سنورتا ہے مرا ذوقِ عبادت خواجہ ۔۔۔ میرے ایماں کی بقا ہے تری نسبت خواجہ

سند میں پھیلی ہے ہر سمت اُسی کی کرنیں ۔۔۔ بن کے اجمیر میں ہے مہرِ ولایت خواجہ

جی رہا ہوں میں اُسی کا تو سہارا لے کر ۔۔۔ تو سلامت تری نسبت سے سلامت خواجہ

یوں تو کتنے ہی سلاطینِ زماں آئے گئے ۔۔۔ آج تک بھی ہے یہاں تری حکومت خواجہ

جن کو دولت کی ضرورت ہے اُنہیں تو دے دیے ۔۔۔ چاہتا ہوں میں تری دولتِ قربت خواجہ

مانگنا فطرتِ سائل ہے تجھے ہے معلوم ۔۔۔ مانگنے والوں کو دینا تری عادت خواجہ

جی رہا ہوں تری نسبت کا سہارا لے کر ۔۔۔ درحقیقت ہے یہی میری حقیقت خواجہ

جب میں دنیا میں ہوں صدا سیلِ حوادث میں گھِرے ۔۔۔ مجھ کو مر جانا ہے احساسِ معیت خواجہ

اپنے اجداد کی نسبت سے ترا بسمل ہوں

جن کو در سے ترے اُو دگر سے ہے نسبت خواجہ

آواز کے بوسے

شاہِ ہندوستاں خواجۂ خواجگاں   آسماں آستاں خواجۂ خواجگاں

ہیں حبیبِ خدا اور عطائے نبیؐ   مقبلِ مقبلاں خواجۂ خواجگاں

تم نے دکھلایا کتنوں کو فیضان سے   بے نشاں کانشاں خواجۂ خواجگاں

خود عملی کی وراثت بھی تسکو ملی   حتی جہاں تم وہاں خواجۂ خواجگاں

دین و دنیا میں کس شئے کی مجھ کو کمی   تم یہاں تم وہاں خواجۂ خواجگاں

کتنے خسرو ہیں جو تم سے منسوب ہیں   خسر و خسروواں خواجۂ خواجگاں

ہر مصیبت میں ہیں میری امداد کو   قبلۂ دو جہاں خواجۂ خواجگاں

نامِ اقدس تمہارا ہے وردِ زباں   خواجۂ خواجگاں خواجۂ خواجگاں

اہلِ دل ہی سمجھتے ہیں اس رمز کو   دل یہ ہیں حکمراں خواجۂ خواجگاں

ہند سے میں مدینہ پہونچ جاؤں گا   تم موجب درمیاں خواجۂ خواجگاں

قلبِ بسمل میں ہو چشمِ عاشق مری ہو

تم نہاں تم عیاں خواجۂ خواجگاں

آواز کے بوسے

تو عطائے رسولِ خدا ہے یہاں خواجہ ہند اے خواجہ خواجگاں

تیرے اوصاف کیا کر سکوں میں بیاں خواجہ ہند اے خواجہ خواجگاں

لے کے آیا ہوں نذرانۂ دل یہاں خواجہ ہند اے خواجہ خواجگاں

اب نہ اٹھوں گا میں چھوڑ کر آستاں خواجہ ہند اے خواجہ خواجگاں

تو ہے سلطانِ اقلیمِ ہندوستاں خواجہ ہند اے خواجہ خواجگاں

کوئی بھی تیرا ہمسر نہیں ہے یہاں خواجہ ہند اے خواجہ خواجگاں

مصطفیٰ کا ملا تجھ کو حسنِ بیاں خواجہ ہند اے خواجہ خواجگاں

تیرے منہ میں ہے شیرِ خدا کی زباں خواجہ ہند اے خواجہ خواجگاں

سو نہ کر کیا نہیں تیرے امکان میں جب نے آواز دی تجھ کو طوفان میں

اس کی کشتی کا تو بن گیا پاسباں خواجہ ہند اے خواجہ خواجگاں

آ رہا ہے رجب کا مہینہ مگر چاہیے مجھ کو تیرے کرم کی نظر

آرزوئے زیارت ہوئی ہے جواں خواجہ ہند اے خواجہ خواجگاں

آواز کے بوسے

کیسے کیسوں کا ان میں ہے تو رہنما ڈھونڈتے ہیں یہ سب تیرے ہی نقشِ پا
اولیاء کا تِرے ساتھ ہے کارواں خواجہ مند اے خواجہ خواجگاں

تو مشیت کا ہے اور مشیت تیری اللہ اللہ لے شانِ ولایت تری
ہے عیاں تجھ پہ ہر ایک سِرِّ نہاں خواجہ مند اے خواجہ خواجگاں

رنگ پر سنبل آتا ہے جوشِ جنوں یاد سے تری ملتا ہے اس کو سکوں
دے جہہ صبر و قرارِ دل عاشقاں خواجہ مند اے خواجہ خواجگاں

رُباعی

در پر ہے تِرے سارا زمانہ خواجہ
کب تک رہوں محروم تمنّا خواجہ
یہ میرا مقدر ہے کہ میں تیرا ہوں
ہر دم ہے وظیفہ میرا خواجہ خواجہ

آواز کے بوسے

عطا ہو مجھ کو وہ ذوقِ نظر غریب نواز
تمہیں کو مجھ کہ دیکھوں میں دیکھوں جدھر غریب نواز

نہیں ہے خود مجھے اپنی خبر غریب نواز
ہے جب سے آپ کی چوکھٹ پہ سر غریب نواز

بڑی اُمید سے حاضر ہوا ہوں روضہ پر
ہو مجھ پہ لطف و کرم کی نظر غریب نواز

مذاقِ سجدہ سے اُس کا نصیب اُسکے ہیں
ہے جب کا آپ کی چوکھٹ پہ سر غریب نواز

نظر ہے جس پہ تمہاری ہے وہ نظر والا
خدا نے دی ہے تمہیں وہ نظر غریب نواز

وہ جس کے دل میں تمہارا غمِ محبت ہے
ملا ہے اُسکو عنم معتبر غریب نواز

ندا یہ غیب سے آنے لگی دمِ فردا
کہ تیرے حال سے ہیں باخبر غریب نواز

وہ دیکھ لیتے ہیں نورِ محمدی تم میں
ملا ہے جن کو شعورِ نظر غریب نواز

تمہارا نام زباں پر ہو مجھ کو بھا جاؤں
ہو مجھ پہ وہ نکہ کیفِ اثر غریب نواز

ملی ہے یہ صفتِ مصطفیٰ بھی ورثہ میں
ہر اک غریب سے ہیں باخبر غریب نواز

تمہارے لطف و کرم کا ہے مستحق بسمل

تمہارا مو کے وہ جائے کدھر غریب نواز

آواز کے بوسے

غریبوں میلادِ صحر شامل معین الدین چشتی ہیں
محمدؐ سے اُدھر وصل معین الدین چشتی ہیں

علیؓ کا خون ہے ان میں نبیؐ کا فیض ہے انہی
علیؓ کی جاں نبیؐ کا دل معین الدین چشتی ہیں

ہزاروں کیلئے منزل نظام الدین ہیں لیکن
نظام الدین کی منزل معین الدین چشتی ہیں

یہ سارا نازِ نسبت کے بل پر آپ سے ورنہ
کہاں ہم آپ کے قابل معین الدین چشتی ہیں

جہاں طوفانِ غم میں ہر سہارا ٹوٹ جاتا ہے
وہاں امید کا ساحل معین الدین چشتی ہیں

اک ایسا بھی مقام آیا کہ جبھی ان کے تصور میں
ہوا محسوس گویا دل معین الدین چشتی ہیں

حکومت ہند کی دی ہے ظہیر شاہ دو عالمؐ نے
غریبوں میں مگر شامل معین الدین چشتی ہیں

ابو اسماق سے تا خواجہ عثمانِ ہارونی
سلوکِ چشت کا حاصل معین الدین چشتی ہیں

بہت سے جن کے خادم رہبر منزل ہیں لاکھوں کے
اک ایسے رہبرِ کامل معین الدین چشتی ہیں

غریبوں پر ہمیشہ سے نگاہِ خاص ہے انکی
غریبوں سے کہاں غافل معین الدین چشتی ہیں

چھٹی تاریخ آتے ہی ہزاروں دل تڑپتے ہیں
ہزاروں آپ کے سبیل معین الدین چشتی ہیں

آوازِ کے بوسے

ـے نورِ معین پنجِتن خواجہ معین الدیں حسنؑ　　　قربان بر تو جان من خواجہ معین الدیں حسنؑ

ہست ایں رُخ زیبائے تو عکسِ جمالِ مصطفیؐ　　　بر تو فدا ایمانِ من خواجہ معین الدیں حسنؑ

از بارگاہِ لامکاں بیسا خـتــہ آمدہ ندا　　　محبوب زُبدۃ المؤمنین خواجہ معین الدیں حسنؑ

اے خواجہ ہند الولی تو درگردہِ اولیاؑ　　　لا ریب شمعِ انجمن خواجہ معین الدیں حسنؑ

اے سرو بلاغ آبرو دارم ہزاراں آرزو　　　گاہے نظر بر من فگن خواجہ معین الدیں حسنؑ

ایں جا توئی آں جا توئی پیدا توئی پنہاں توئی　　　اجمیر باشد یاد کن خواجہ معین الدیں حسنؑ

مجروح سبیل بینوا مہجور تو اے خسروا

خواہد ہوا ـے پیرِ من خواجہ معین الدیں حسنؑ

آواز کے بوسے

جمالِ ذات کے مظہر محی الدّین معین الدّیں
تری دونوں حسن کے پیکر محی الدّین معین الدّیں

جمالِ ساقی کوثر محی الدّین معین الدّیں
جلالِ حیدرِ صفدر محی الدّین معین الدّیں

لیا ہے مشکلوں میں کام میں نے اسمِ اعظم کا
تمہارے نام سے اکثر محی الدّین معین الدّیں

گماں ہوتا ہے نورِ لم یزل کا اہلِ باطن کو
تمہارے روئے روشن پر محی الدّین معین الدّیں

جبینِ اولیاء کو ناز ہے کیا ذکر ہے میرا
تمہارے درکے سجدوں پر محی الدّین معین الدّیں

یقیں ہے مٹ گئے حسبُ النسب آپ دونوں میں
تری جو اوصاف پیغمبر محی الدّین معین الدّیں

مجھے اجمیر تا بغداد حاصل سیرِ باطن ہے
عجب پُر کیف ہے منظر محی الدّین معین الدّیں

سمجھ لیجے کہ سر پر جسم بے سایہ کا سایہ ہے
ہیں قائم اپنے جب پر محی الدّین معین الدّیں

مقدر سے جوان کو مل گئے اس شان کے آقا
غلام اتراتے ہیں تم پر محی الدّین معین الدّیں

میرے ربطِ غلامی کا تعارف آپ کر دینا
جلآئی شافع محشر محی الدّین معین الدّیں

بقولِ حضرتِ عاشق میں کہتا ہوں یہی بسمل
ہیں میرے اندر و باہر محی الدّین معین الدّیں

آواز کے بوسے

زندگی خواجہؒ کے پروانوں کی اجمیر میں ہے
شمع طیبہ یہیں ہے اور روشنی اجمیر میں ہے

جس طرف دیکھیے خواجہؒ کے ہیں جلوے روشن
میرے خواجہؒ کی عجب خوابِ خوا جگی اجمیر میں ہے

ہاتھ خالی کوئی جاتے نظر آتا ہی نہیں
کیوں نہ ہو جب کہ اک ایسا سخی اجمیر میں ہے

میکشو! آؤ جو لینا ہو تمہیں کیفِ دوام
بادہ حیثیت بھی ہے ساقی بھی اجمیر میں ہے

درِ خواجہؒ پہ جبھی ہو تی ہے مشکل آساں
آپ کا نورِ نظر یا عَلی اجمیر میں ہے

دولتِ دیں بھی یہاں دولتِ دنیا بھی یہاں
کونسی شے ہے کہ جس کی کمی اجمیر میں ہے

ربطِ نسبت کی قسم فرطِ محبت کی قسم
دل یہاں ہو بھی تو دل کی لگی اجمیر میں ہے

ان کے دیوانے ہیں دنیاے خرد کے رہبر
آگہی جس سے ہو وہ بے خودی اجمیر میں ہے

عطر افشاں جو ہے ہر وقت فضائے اجمیر
غالباً طیبہ کی کوئی گلی اجمیر میں ہے

درِ خواجہؒ پہ جو سر رکھا تو محسوس ہوا
کچھ عجب کیفیتِ بندگی اجمیر میں ہے

اس کو اسلاف سے یہ دولتِ دارین ملی
کبھی بغداد میں بسمل کبھی اجمیر میں ہے

آواز کے بوسے

ہے پیشِ قلب و نظر سا پیام یا خواجہ
قبولیت ہے فقط تیرا کام یا خواجہ

دیارِ ہند کا تو ہے امام یا خواجہ
ہے تو رسولؐ کا قائم مقام یا خواجہ

سوا تیرے نہیں اُن کی نظر خود اپنے پر
جنہیں ہے تیری محبت سے کام یا خواجہ

ملے نہ جب تک اجازت میں آنہیں سکتا
یہاں ہوں قید بہ قیدِ مقام یا خواجہ

بقیدِ ظرف سبھی پر ہے تیرا لطف و کرم
پکارتے ہیں تجھے خاص و عام یا خواجہ

برے ہی کیفیت میں ہیں زندگی کے لیل و نہار
ہے میرے وردِ زباں صبح و شام یا خواجہ

کھلا ہوا ہے درِ میکدہ ترا ہر وقت
نہیں ہے کوئی یہاں تشنہ کام یا خواجہ

وہ اپنے ہوں کہ پرائے میں سب یہاں موجود
ہے تیرا در ہی درِ فیضِ عام یا خواجہ

جو اقتدارِ زمانہ سے بھی نکل نہ سکا
لیا ہے نام سے تیرے وہ کام یا خواجہ

جو بے خودی میں پکار اٹھوں بار بار تجھے
ملی ہے لذتِ لطفِ دوام یا خواجہ

بس ایک چشمِ عنایت کا منتظر بسمل
کھڑا ہے کب سے برائے سلام یا خواجہ

اُداز کے بوسے

نہ ہو جس دل میں پیدا یہ محبت میرے خواجہ کی ⁧⁩ کریں محسوس وہ کیوں کر عنایت میرے خواجہ کی

نظر آئے خدائی پر حکومت میرے خواجہ کی ⁧⁩ کوئی اجمیر میں دیکھے یہ قدرت میرے خواجہ کی

جمالِ مصطفیٰ ان میں جلالِ مرتضیٰ ان میں ⁧⁩ انہیں دونوں کا مجموعہ ہے سیرت میرے خواجہ کی

ہزاروں منکرِ حق بھی نظر آتے ہیں روضہ پر ⁧⁩ انہیں بھی کھینچ لاتی ہے ضرورت میرے خواجہ کی

علاؤالدین نظام الدین فریدالدین قطب الدین ⁧⁩ یہ وہ ہیں بٹ گئی ہے جن میں دولت میرے خواجہ کی

وہ مجبورِ مقدر جو مدینے جا نہیں سکتا ⁧⁩ ہے اسکے واسطے کافی زیارت میرے خواجہ کی

دوا نسخہ دیا بیمار کو جس کی ضرورت تھی ⁧⁩ بہت سوں نے نہیں سمجھی یہ حکمت میرے خواجہ کی

نبی کی دید بھی ہو گی علی کی دید بھی ہو گی ⁧⁩ مری آنکھوں سے دیکھے کوئی صورت میرے خواجہ کی

جنہیں شک ہو مصیبت میں وہ ان کو بھول کر دیکھیں ⁧⁩ خبر ہو گی کہ ہے کتنی ضرورت میرے خواجہ کی

کئی خدام ان کے آج آقائے زمانہ ہیں ⁧⁩ عجب منزل پر ہے شانِ ولایت میرے خواجہ کی

دیا ہاں تبلیغ کی سبیل جہاں سب منکرِ حق تھے

محمد سے بہت ملتی ہے سیرت میرے خواجہ کی

آواز کے بوسے

منقبت حضرت سیدنا بندہ نواز

جس نے تمہیں پکارا بندہ نواز خواجہ   تم بن گئے سہارا بندہ نواز خواجہ

کیجیے کرم خدا را بندہ نواز خواجہ   تقدیر کا ہوں مارا بندہ نواز خواجہ

بندہ نوازیوں کی دکھلائی شان تم نے   جس وقت بھی پکارا بندہ نواز خواجہ

اسلاف بھی ہیں نازاں تم اُس مقام پر ہو   رتبہ ہے یہ تمہارا بندہ نواز خواجہ

اُمید لے کے آوں مایوس ہو کے لوٹوں   ایسا نہ ہو خدا را بندہ نواز خواجہ

باقی رہی نہ اُس کو تقدیر سے شکایت   جو ہو گیا تمہارا بندہ نواز خواجہ

ہر شخص آستاں پر یہ محسوس کر رہا ہے   ہے ہر طرح ہمارا بندہ نواز خواجہ

اورنگ زیب آ کر قدموں میں جھک گئے ہیں   رتبہ ہے یہ تمہارا بندہ نواز خواجہ

تم نے طلب کیا ہے حاضر ہوا ہے سنبل

مہمان ہے تمہارا بندہ نواز خواجہ

آواز کے بوسے

منقبت حضرت سیدنا امیر ابو العلاء

جس کو بنا دیا ہے خدا نے ابو العلا ۔۔۔ کرتا ہوں اس کے نام سے مدحت کی ابتدا

دیں سلسلہ کے سب سے بڑے پیر ابو العلا ۔۔۔ با مصطفیٰ ارے ہیں ہمیشہ یہ با خدا

اجمیر سے مدینہ کا ملتا ہے سلسلہ ۔۔۔ کیا ہو تعیین اُن کے حقیقی مقام کا

دراصل اس مقام سے ہے اُن کی ابتدا ۔۔۔ محبوب یہ خدا کے ہیں محبوبِ مصطفیٰ

چھو سکتا بھی نہیں کوئی اُن کے مقام کو ۔۔۔ عرفانِ بو العلا کا نہیں سب کو حوصلہ

ہیں سینکڑوں کی پیر ہزاروں کے رہ نما ۔۔۔ سونپا ہے جب بھی آئی ہے دل سے یہی صدا

طے ہو گئے سلوک کے سب اُسکو مرحلے ۔۔۔ قسمت سے ہو گیا جیسے عرفانِ ابو العلا

جب اُن کی دُھن میں مجھ کو نظر آئی روشنی ۔۔۔ آئی صدا کہ سے یہی فیضانِ بو العلا

لکھ لیجیے کہ اُس کی دعا رد نہ ہو سکی ۔۔۔ دے جو بھی اُن کو حضرتِ قائم کا واسطہ

آتے ہی یہ خیال قلم ہو گیا رواں ۔۔۔ جیسے کہ رہ نمائے سخن خود ہوں بو العلا

مجھ کو ازل سے اُن کی گدائی پہ ناز ہے ۔۔۔ ہوں میں ازل سے اُن کے سی در کا پلا ہوا

بسمل ترب اُٹھا ہوں میں جب اُن کی یاد میں

"ہم تیرے ساتھ ہیں" یہی آنے لگی صدا

آوازِ کے بوسے

منقبت پیر شاہ محمد قائم حضرت شیخ جی حالی صاحب

ہو عیاں کیوں کر کہ احوالِ نہاں کچھ اور ہے
جب سے وہ نزدیک ہیں طرزِ فغاں کچھ اور ہے

ذکر اُن کا ہے زباں پر اب زباں کچھ اور ہے
آج اُن کے لطفِ پیہم کا بیاں کچھ اور ہے

فضلِ ربّ سے جس کی نظر میں وسعتِ کونین ہے
وہ نگاہِ اہلِ نسبت ہی میاں کچھ اور ہے

رنگِ وحدت میں یہاں کھلتے تیرے کثرت کے پھول
یہ بہارِ بوالعلا کا گلستاں کچھ اور ہے

کتنا نورانی امیرِ کارواں کا فیض ہے
دیکھو شان بوالعلائی کارداں کچھ اور ہے

چشمِ ظاہر کی بلندی اور ہے باطن کی اور
آسماں کچھ اور اُن کا آستاں کچھ اور ہے

ہر جبیں جھکتے ہوئے محسوس کرتی ہے یہی
حضرتِ شاہِ حسن کا آستاں کچھ اور ہے

مسندِ قائم اُنہیں کی ہے کہ قائم جن کے ہیں
کارداں کچھ اور گردِ کارداں کچھ اور ہے

چاہیئے بس ربط و نسبت کی مجھے دیوانگی
ہوش کی منزل سے بھی بڑھ کر یہاں کچھ اور ہے

اک نگاہِ شاہِ قائم کر گئی بسمل مجھے

ورنہ میں قطرہ وہ بحرِ بیکراں کچھ اور ہے

آواز کے بوسے

شاہِ قاسم پیر ہیں عالی جناب — ہے زمانہ جن سے اب تک فیض یاب

آستاں پر جو ہوا ہے باریاب — دین و دنیا میں ہوا وہ کامیاب

صاحبِ جمالِ رسولِ مجتبیٰ — مظہرِ شانِ جلالِ بوترابؓ

بن گئے جو آپ کے قدموں کی خاک — اُس کی مٹی ہو نہیں سکتی خراب

ہے ہماری لاج تم پر منحصر — اُس تم سے ہے یہ لے عزت مآب

چشم بینا چاہیے اس کے لیے — کس میں ہو گی آپ کے جلووں کی تاب

جانشین بوالعُلا جیسے یہ ہیں — بوالعُلا ہیں جانشین بوترابؓ

اُن کی دشمن اُن کا تصور اُن کی یاد — میں سمجھتا ہوں اُسے کارِ ثواب

سہو و مقصد دونوں مل کر ہو گئے — ایک دامن اُس میں اتنے ماہتاب

فیض سے روشن ہوئی ارضِ دکن — آفتاب آمد دلیلِ آفتاب

اکتسابی یہ نہیں تقدیر ہے

بسمل مضطر کا اُن سے انتساب

آواز کے بوسے

منقبت حضرت شاہ محمد حسن ابوالعلائؒ

کردۂ دل را مقامِ جلوۂ روئے حسن   مرحبا اے عظمتِ تقدیر دجوئے حسن

مرحبا بر ایں صلوٰۃ ربطِ دجوئے حسن   سوئے کعبہ سجدہ و پیشِ نظر روئے حسن

بوالعجب ایں عشق و مستی بوالعجب ایں آگہی   ہر کجا بینم نظر آید مرا روئے حسن

گر ہمیں خواہی بہ بینی آستانِ بوالعلا   رہ بردے کوئے ابوالعلا پرد کوئے حسن

از گلستانِ شہ فزاید دیر ہاں ہر زماں   در نسیمِ صبح می آید می بوئے حسن

من حدیثِ دل بگویم از کمال بیخودی   در خیالِ شاہِ قائم می ادم سوئے حسن

ہیچ آفت کے رسد البتہ دامانِ او   سایہ افگن ہر نفس ہر لحظہ گیسوئے حسن

انہماک ربطِ ہمت اے دلِ نازِ عاشقاں   سجدہ گاہِ اہلِ نسبت طاقِ ابروئے حسن

جان و دلِ بسمل فدائے جاں پاکاں مکیم

کردۂ بسمل مرا اے جلوۂ روئے حسن

منقبت حضرت مجدّد الف ثانیؒ

کونین کے آقا تو سرکار محمّد ہیں — خاص اُن کے غلاموں میں سرہند کے احمدؒ ہیں

غازی ہیں مجاہد ہیں ارشد ہیں وہ ارشد ہیں — ارشاد کی مسند پہ وہ صاحبِ مسند ہیں

بطلانِ خدائی کو اور دینِ الٰہی کو — فرعون کو موسیٰ ہیں اکبر کو مجدّد ہیں

سو صدیوں کے بعد آیا اللہ کا اک بندہ — کیا وصف کریں اُس کا اوصاف تو بیحد ہیں

رہبر ہیں شریعت کے ہادی ہیں طریقت کے — خاتم میں ولایت کی مرجان وزبر حد ہیں

فاروقِ معظم کے ہیں لختِ جگر ایسے — سرتا بہ قدم حق کی مضبوط جو سرحد ہیں

قدرت نے انہیں عمرِ مسنونِ نبی بخشی — امثال جہیں ایسے شاید ہیں یا بائید ہیں

انوار برستے ہیں اس دا سطے مرقدِ پر — انوار کا اک پیکر خود صاحبِ مرقد میں

خرقہ کی عطا اِن کو صدیوں جو ہوئی پہلے — ثابت ہے اسی سے خود یہ غوثؒ کا مقصد ہیں

فیضانِ بہاءالدیّں جاری جو ہوا اِن سے — مرشد کی شبامت میں عرفانِ محمّدؐ ہیں

ایقان یہ ہے بسمل دراصل ولی حق کے — سرکار کے نائب ہیں امّت کے بھی قائد ہیں

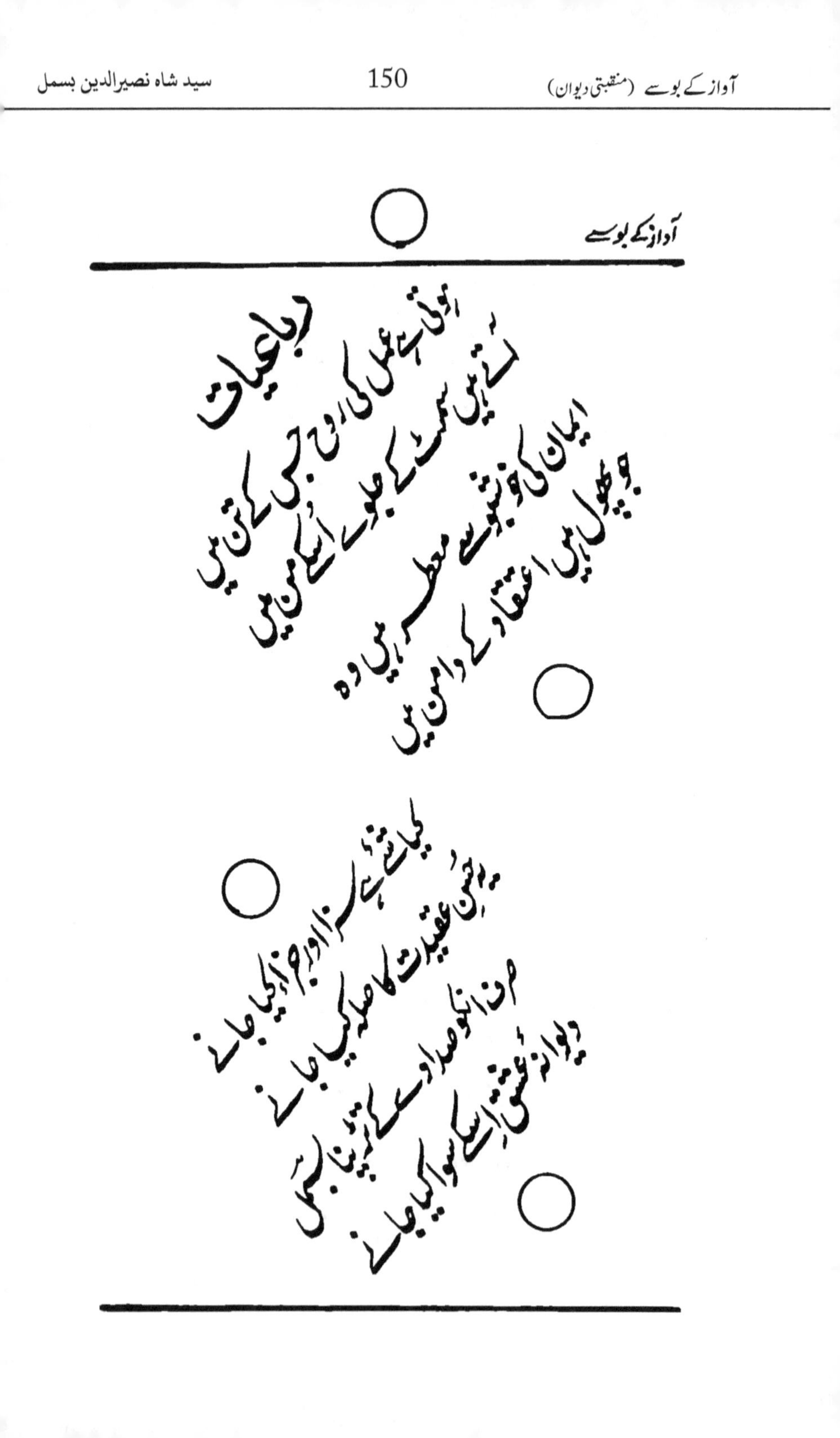